살아내는 약속

살아내는 약속

지은이 | 김병삼
초판 발행 | 2019. 2. 13.
2쇄 | 2019. 3. 8.
등록번호 | 제1988-000080호
등록된 곳 | 서울특별시 용산구 서빙고로65길 38
발행처 | 사단법인 두란노서원
영업부 | 2078-3352   FAX | 080-749-3705
출판부 | 2078-3331

책값은 뒤표지에 있습니다.
ISBN 978-89-531-3404-1 03230

독자의 의견을 기다립니다.
tpress@duranno.com   www.duranno.com

두란노서원은 바울 사도가 3차 전도여행 때 에베소에서 성령 받은 제자들을 따로 세워 하나님의 말씀으로 양육하던 장소입니다. 사도행전 19장 8-20절의 정신에 따라 첫째 목회자를 돕는 사역과 평신도를 훈련시키는 사역, 둘째 세계선교(TIM)와 문서선교(단행본·잡지) 사역, 셋째 예수문화 및 경배와 찬양 사역, 그리고 가정·상담 사역 등을 감당하고 있습니다. 1980년 12월 22일에 창립된 두란노서원은 주님 오실 때까지 이 사역들을 계속할 것입니다.

계명 너머 사랑을 읽다

살아내는 약속

김병삼 지음

두란노

목차

서문 6

· 프롤로그
하나님은 쉬운 길로 가라 하지
않으셨습니다 8

PART 1

어떻게 살 것인가?

1
'조금만 더' 있으면
만족하겠습니까? 32

2
진실이 이웃 사랑보다
먼저입니까? 56

3
다들 그렇게 산다고
죄가 아닙니까? 80

4
본능이라 하여
묵인할 수는 없습니다 108

5
무관심과 증오가
생명을 빼앗습니다 132

6
부모는 사랑이 아니라
공경의 대상입니다 158

PART 2　　　　　　　**어떻게 믿을 것인가?**

7
안식일은
인생의 숨을 고르는 시간입니다　180

8
나 때문에 하나님이
조롱받고 있지는 않습니까?　206

9
얽매여 있다면
교회도 우상입니다　228

10
하나님이 계셔야 할 자리에
내 욕망이 있지 않습니까?　252

서문

2018년, 만나교회는 다시(Re:)라는 주제로 한 해를 지냈습니다. 우리가 익숙하게 여기고 있던 것들을 다시 한번 생각해 보자는 의도였습니다. 그중에 하나가 십계명이었습니다.

우리가 가지고 있는 성경책을 펼쳐 보면 아마도 표지 안쪽에는 주기도문, 사도신경과 더불어 십계명이 인쇄되어 있을 것입니다. 수많은 말씀 중에서 십계명을 성경책 표지에 실은 이유는 무엇일까요? 성경책을 읽는 사람들이라면 꼭 기억해야 할 말씀이기 때문이라고 생각합니다. 성경 본문을 찾지 않아도, 언제든 펼쳐보고 마음에 새기도록 말이지요.

우리는 십계명을 어떤 마음으로 받아들이고 있습니까? 어쩌면 우리는 '십계명'이라는 이름에만 얽매여 있는 것 같습니다. 십계명을 지칭하는 히브리 원어인 '아세레트 하데바림'은 십계명보다는 '열 마디 말씀'이라고 번역하는 것이 더 정확합니다. 우리와 관계를 맺기 원하시는 하나님이 사랑하는 마음을 담아 주신 말씀이기 때문입니다. 그런데 우리는 그 사랑의 약속을 오해하고,

우리를 옭아매는 규율로 생각하며 부담스러워합니다. 여기에 그치지 않고, 말 그대로 십계명을 성경책 표지에 가두어두고 싶어 하는 것은 아닙니까?

  단언컨대 십계명은 살아계신 하나님이 주신 사랑의 약속입니다. 십계명은 우리에게 하나님을 사랑하는 방법과 이웃을 사랑하는 방법을 알려주고 있습니다. 다시 말해, 하나님과 우리의 관계를 더욱 가깝게 해주는 매개체인 것입니다.

  그렇기에 십계명은 오늘 우리가 살아내야 하는 약속입니다. 이 책을 통해 하나님의 사랑을 깨닫고, 오늘도 삶으로 그 약속을 살아내기를 바랍니다.

2019년 2월
김병삼 목사

프롤로그

하나님은 쉬운 길로 가라 하지 않으셨습니다

우리는 종종 십계명에 대해 이런 항변을 듣습니다. 적어도 3500년 전, 유목민으로 살아가던 이스라엘 백성에게 주신 계명이 오늘을 사는 우리에게 얼마나 유효하느냐는 것입니다. 과연 수천 년을 거슬러 온 십계명이 4차 산업혁명 시대를 살아가고 있는 우리에게 어떤 의미가 될 수 있을까요?

그러나 구약성경을 읽으며 생각합니다. '아, 그때나 지금이나 인간의 나약함과 악함은 여전하구나!' 구약 시대든 종교개혁 시

> 1 하나님이 이 모든 말씀으로 말씀하여 이르시되
> 2 나는 너를 애굽 땅, 종 되었던 집에서 인도하여 낸 네 하나님 여호와니라
> 출 20:1-2

대든 지금 이 시대든 우리가 안고 있는 인간의 본성과 죄에 대한 문제는 그렇게 크게 변하지 않은 것입니다.

> 나는 너를 애굽 땅, 종 되었던 집에서 인도하여 낸 네 하나님 여호와니라 출 20:2

십계명을 주시기 전 하나님이 이스라엘에게 던지신 선포입

니다. 위의 말씀에서 어떤 단어가 제일 눈에 들어옵니까? 저는 '너'라는 단어가 유독 눈에 띕니다. 하나님은 불특정 다수에게 말씀하시지 않았습니다. 아주 구체적인 대상, '너'에게 말씀하십니다. '너'를 종 되었던 곳에서 인도해 내신 하나님이 '너'에게, 그리고 '나'에게 인격적이고 개인적으로 말씀하신다는 것입니다. 당신은 십계명이 어떤 무리에게 주신 말씀이 아니라 오늘을 살고 있는 바로 '나'에게 주시는 말씀으로 받아들여집니까?

우리는 때때로 말씀을 너무 비인격화하거나 객관화하는 것 같습니다. 하나님의 말씀을 내가 아닌 제삼자의 이야기로 생각하고, 나 아닌 다른 누군가에게 적용되는 말씀으로 생각할 때도 있습니다. 그러다 보니 말씀이 멀게 느껴집니다. 그 말씀 속에 담긴 하나님의 마음을 느끼지 못하고 살아갑니다.

말씀이 인격적으로 다가오는가 하는 것은 다른 말로 그렇게 말씀하시는 하나님의 인격, 그분의 마음이 느껴지는가 하는 것입니다. 그것이 느껴질 때에야 비로소 우리가 말씀을 인격적으로 듣고 이해하게 됩니다.

하나님이 이스라엘 백성들에게 십계명을 주신 배경은 이방 땅에서 종 되었던 그들을 인도해 내시고 약속의 땅 가나안을 목전에 둔 시점이었습니다. 그때 하나님의 마음이 어땠을까요? 다시는 이들이 이방 땅에서 노예가 되지 않고, 거짓된 우상과 죄의 종 노릇하지 않기를 바라는 간절한 마음 아니었을까요?

십계명에는 하나님이 "내가 너를 인도하여 낸 이 땅에서 나와 함께 살았으면 좋겠다. 너희가 나의 백성이 되었으면 좋겠다"하고 말씀하시는 사랑의 속삭임이 담겨 있습니다. 하나님이 우리에게 계명, 즉 율법과 규율을 주셨다는 것은 그만큼 우리를 인격적으로 대우하신다는 의미입니다. 그 마음이 우리 가운데 들어와야 합니다.

그런데 우리는 어떻습니까? 혹시 십계명을 내게 주시는 하나님의 말씀으로 믿지 않고, 자의적으로 혹은 상징적으로만 해석하며 의미를 축소하고 있지는 않습니까? 다음 예화를 통해 생각해 봅시다.

한 부자 청년이 찾아와 영생을 얻는 법을 물었을 때 예수님은 그냥 대답하지 않으셨다. 그를 보시고 사랑하사 말씀하셨다. 나 역시 당신을 사랑하는 마음으로 마가복음 10장 21절 말씀을 권하고 싶다.
그런데 이 구절이 진짜 자신의 전 재산의 처분을 의미하는 것은 아니라고 말씀하는 분들이 있다. '그가 100퍼센트 하나님을 섬기지 않고 돈을 우상으로 섬겼기 때문이다. 그의 마음속 우상을 제거해야 한다'는 뜻이라고 해석한다.
예수님은 분명히 다 팔라고 하셨다. 그런데 사실 그런 뜻이 아닐 거라는 근거는 어디에서 나온 것인가? 성경은 다 진리인데 말이다.

나는 목사님들이 왜 그렇게 설교하시는지 안다. 자신도 다 팔 자신이 없기 때문이다. 그리고 정말 다 팔라고 설교하면 교인이 다 떠나버릴 것 같기 때문이다. 그러나 성경은 있는 그대로 해석해야 한다.[1]

우리는 성경에 있는 많은 말씀을 문자 그대로 받아들이지 못하기 때문에 그것을 해석하려고 시도합니다. 그렇다면 말씀을 문자 그대로 행한다는 것은 어떤 의미일까요?

당장 재산을 팔아 나누는 것보다 더 중요한 것이 있습니다. 지금 내가 가지고 있는 재산이 나의 소유가 아님을 인정하는 것입니다. 어쩌면 우리가 삶의 풍성함을 누리지 못하는 이유는 소유의 유무에 대한 문제가 아니라 믿음에 대한 문제일 수 있습니다. 믿음이 없어 말씀대로 살지 못하기 때문에 풍성함을 누리지 못하는 것입니다.

우리는 자유의 이름으로 십계명을 던져 버렸으나 그 대가로 자유를 잃었다. 개인의 자유를 얻기 위해 이 오래된 법을 치워 버린 결과 도덕적 진공 상태가 생겨났고, 이제는 밤에 집 밖으로 자유롭게 나갈 수도, 아이들이 거리에서 안

---

1 유석경, 《당신은 하나님을 오해하고 있습니다》, 규장

심하고 뛰어놀 수도 없다. … 최근까지만 해도 감시카메라는 경계가 삼엄한 교도소 수감자들을 찍던 물건이었건만, 이제 도시 한복판에서 우리의 일거수일투족을 자연스럽게 찍어 대고 있다. 흥미로운 변화가 아닐 수 없다.[2]

이 시대는 자유, 인권 같은 말들을 많이 사용합니다. 그러면서 십계명의 법들을 놓쳐 버렸습니다. 그것은 도리어 자유를 잃어버린 꼴이 되었습니다. 범죄의 두려움에 갇혀, 수많은 CCTV의 감시에 갇혀 살아가고 있는 것입니다. 이것은 하나님이 우리에게 주신 계명을 잃어버린 결과입니다.

당신은 십계명을 기억하며 살아가고 있습니까?

1. 너는 나 이외에 다른 신들을 두지 말라
2. 우상을 만들지 말라
3. 네 하나님 여호와의 이름을 망령되이 부르지 말라
4. 안식일을 기억하여 거룩하게 지키라
5. 네 부모를 공경하라
6. 살인하지 말라
7. 간음하지 말라
8. 도둑질하지 말라

---

2 J. 존, 《모든 사람을 위한 하나님의 법 십계명》, 홍성사

9. 네 이웃에 대하여 거짓 증거하지 말라
10. 네 이웃의 집을 탐내지 말라

제1계명부터 제10계명까지 어느 것 하나 쉬운 항목이 없습니다. 말씀대로 산다는 것이, 십계명을 지키며 살아간다는 것이 결코 쉬운 일이 아닙니다. 그래서 우리는 애써 이 모든 것들이 현재를 살아가고 있는 우리에게 맞지 않는 것이라고 말하고 싶어 할지도 모릅니다.

하지만 우리가 이 길을 가야 하는 이유가 있습니다. 우리는 왜 남의 것을 탐내거나, 도적질 하고, 간음하고, 거짓 증거를 할까요? 결국은 삶을 스스로 경영하기 위한 것 아닐까요? 하나님의 계획에 불만을 갖고 인정하지 않기 때문에 오는 결과들은 아닐까요?

그렇다면 수천 년 전 이스라엘 백성에게 주신 계명을 현대를 살고 있는 우리가 어떻게 받아들여야 할까요?

사랑하기 때문에
지킬 수밖에 없습니다

아내와 연애하던 시절, 아내에게는 통금 시간이 있었습니다. 무슨 일이 있어도 7시 전에는 집에 들어가야 했습니다. 통금 시간만 생각하면 밖에 나가서 무엇을 해도 신경이 쓰입니다. 그럴 수록 아버지가 밉고, 갈등도 심해집니다.

아버지는 왜 통금 시간을 걸어 두었을까요? 사랑하는 딸을 보호하려는 마음일 것입니다. 사실 대학생이 7시까지 집에 들어가기는 쉽지 않습니다. 그 사실을 아버지도 모를 리 없습니다. 딸을 걱정하는 아버지의 마음이 보이면 통금 시간을 지키는 것이 그렇게 고통스럽지 않습니다. 그러나 아버지의 마음이 보이지 않으면 힘들고 부당하게만 느껴집니다.

연애할 때도 그렇습니다. 우리는 사랑하는 사람이 생기면 많은 약속을 합니다. 자기 전에 꼭 전화 통화하자, 주말에는 꼭 함께 시간을 보내자, 만날 때는 상대방을 기다리게 하지 말고 꼭 10분 전에 나와 있자, 기념일은 꼭 기억하고 함께 보내자 등. 그런데 만약 이 약속을 지키는 게 목적이 된다고 생각해 봅시다. 얼마나 그 만남이 곤고해지겠습니까? 그런데 놀랍게도 사랑하면 이 약속을 써 놓고 외우지 않아도 지켜지게 되어 있습니다. 이것이 바로 사랑의 힘입니다.

하나님의 계명도 그렇습니다. 계명을 지키는 것은 결코 쉬운 일이 아닙니다. 그런데 하나님이 우리에게 그 계명을 왜 주셨을까 생각해 보면 그것을 지키는 일이 더 이상 고통스럽지 않습니다. 하나님의 사랑을 알고, 나도 하나님을 사랑하게 되면 저절로 삶에서 지켜지는 것을 경험하게 됩니다. 우리의 신앙생활에 하나님과 나누는 사랑이 없다면 예배를 드리고 기도를 하는 시간이 얼마나 곤고해지겠습니까?

그래서 우리는 십계명을 대하는 자세에 있어 '어떻게 그 계명을 지킬 것인가?'가 아니라 '이 계명을 주신 하나님의 마음은 무엇일까?'에 집중해야 합니다.

> 38 그들이 길 갈 때에 예수께서 한 마을에 들어가시매 마르다라 이름하는 한 여자가 자기 집으로 영접하더라 39 그에게 마리아라 하는 동생이 있어 주의 발치에 앉아 그의 말씀을 듣더니 40 마르다는 준비하는 일이 많아 마음이 분주한지라 예수께 나아가 이르되 주여 내 동생이 나 혼자 일하게 두는 것을 생각하지 아니하시나이까 그를 명하사 나를 도와주라 하소서 41 주께서 대답하여 이르시되 마르다야 마르다야 네가 많은 일로 염려하고 근심하나 42 몇 가지만 하든지 혹은 한 가지만이라도 족하니라 마리아는 이 좋은 편을 택하였으니 빼앗기지 아니하리라 하시니라 눅 10:38-42

우리는 이 말씀을 읽으며 흔히 마리아는 신실한 사람이고, 마르다는 '일'로 인해 예수님께 질책을 받는 어리석은 사람이라고 이해합니다. 하지만 40절의 '준비하는 일이 많아'라는 말은 실제로 그렇게 부정적인 뜻이 아닙니다. 여기에서는 헬라어로 '디아코네오'라는 단어가 사용되는데, 예수님도 "섬김을 받으려 함이 아니라 도리어 섬기려 하고 자기 목숨을 많은 사람의 대속물로 주려 함이니라"(막 10:45)라고 하실 때 이 단어를 사용하셨습니다. 사도 바울 역시 디모데전서 3장 8절에서 교회를 돕고 섬기는 역할을 하는 집사를 칭할 때 이 단어를 사용하고 있습니다. 마르다는 예수님을 맞이하는 일을 충실하게 감당하고 있었던 것입니다.

또한 41절에서 '마르다야 마르다야'라고 두 번 부르신 것은 셈 언어에서 사용되는 애정의 표현입니다. 예수님은 마르다를 꾸짖으려고 하신 것이 아니라 교훈을 주시고자 애정 어린 투로 말씀하신 것이라는 사실을 알 수 있습니다.

스캇 솔즈(Scott Sauls)는 그의 책에서 이때의 예수님의 말씀을 이렇게 해석하고 있습니다.

> 마르다야, 마르다야 세상을 바꾸려고 하기 전에 먼저 나를 통해 네가 변해야 한다. 남들에게 영향을 미치기 전에 먼저 네가 내게 영향을 받아야 한다. 세상을 더 좋게 만들기 위해 바삐 뛰어다니기 전에 먼저 네가 나를 통해 더 좋은 사람이 되어야 한다. 나를 섬기고 먹이려면 먼저 내가 너를 섬기고 먹이게 해야 한다.[3]

예수님이 원하시는 것은 '바쁜 몸'이 아니라 '섬김의 마음'입

---
3 스캇 솔즈, 《예수님처럼 친구가 되어주라》, 두란노

니다. 힘든 노동을 통해 인정을 얻으려고 애쓰는 것이 아니라 이미 마르다를 인정하시고 받아 주신 주님의 사랑을 기억하는 것입니다. 예수님은 마르다가 예수님과 사랑의 관계를 만들기를 바랐던 것입니다.

마리아도 예수님을 맞이하기 위해 준비를 하고 있었을 것입니다. 그런데 마리아는 예수님이 들어오시자 모든 것을 내려놓고 그분의 '발아래 앉아' 말씀을 들었습니다. 이것에 대해 주님은 "마리아는 이 좋은 편을 택하였다"고 말씀하십니다.

마르다가 예수님을 맞이하기 위해 애쓰는 것을 질책하거나 폄하하는 것이 아닙니다. 율법을 지키려는 노력이 악하거나 나쁜 것이 아닙니다. 하지만 그보다 더 좋은 것이 있다는 뜻입니다. 바로 율법을 주신 하나님을 바라보는 것입니다.

계명을 지키는 일은 중요합니다. 그런데 더 중요한 것은 그 계명을 주신 하나님과 함께하는 시간입니다. 그 계명을 주신 분이 우리에게 계명을 지킬 힘도 주실 것이기 때문입니다.

마리아가 칭찬을 받은 것은 아무 것도 하지 않고 예수님의 말씀만을 들었기 때문이 아니라, 그 어떤 일보다도 예수님의 말씀을 듣는 것이 더욱 귀하다는 사실을 알았기 때문입니다. 포기할 수 없는 것이 무엇인지를 알았기 때문입니다(시 27:4).

우리의 힘으로는 하나님의 계명을 지킬 수 없습니다. 결국 버거워하고 탈진하는 것이 전부입니다. 그래서 우리는 계명을 지키도록 인도해 주시는 주님과의 친밀한 교제 속으로 들어가야 합니다. 계명은 그것을 지키는 노력이 아니라, 그것을 주신 하나님의 마음을 알려고 노력할 때 지킬 수 있습니다.

마르다가 예수님을 사랑하지 않거나 섬기지 않았다는 뜻이 아닙니다. 그 마음을 예수님은 누구보다 깊이 아셨을 것입니다. 그래서 예수님은 더욱더 마르다가 애써 섬기기보다 먼저 나를 좀 더 알았으면 좋겠다는 아쉬운 마음이 있었던 것입니다.

주님은 율법을 폐하신 것이 아니라 완성하셨습니다

헷갈리지 말아야 할 것이 있습니다. 우리가 추구해야 할 것은 주님과 함께하는 것이지 교리가 아닌 것은 맞습니다. 그러나 하나님의 사랑을 알라는 것이 교리와 법을 무시하라는 말은 결코 아닙니다.

대개 교리와 법에 의존하지 않는 사람들이 말하는 패턴이 있습니다.

"우리에게 필요한 것은 교리가 아니라 하나님의 사랑이고, 정의가 아니라 하나님의 은혜입니다."

그러면서 마리아와 마르다를 비교하여 마리아는 교리에 얽매이지 않은 자유로운 영혼으로서 우리가 지향해야 할 신앙인의 자세라고 말합니다. 반대로 교리를 지키는 사람들을 고리타분한 사람으로 치부합니다. 그런데 정말 우리가 하나님의 사랑을 안다면 그 사랑은 단순히 감정적인 차원에서 머무르는 것이 아니라 우리를 행동하도록 만든다는 것을 알아야 합니다.

성경을 보면서 중요한 사실을 하나 깨닫게 되는데, 예수님의 발치에 앉았던 마리아가 훨씬 더 충성되고 헌신적인 삶을 삽니다. 요한복음 12장에서 마리아는 향유가 든 옥합을 깨뜨려 예수님의 발에 붓는데, 성경은 이것이 예수님의 죽음을 준비한 것이라고 말하고 있습니다.

마리아의 이런 힘이 어디에서 나왔을까요? 바로 예수님의 발 아래에서 들은 말씀에 있습니다. 즉 예수님은 주님과 함께하기로 결정한 마리아에게 가르침을 주셨다는 것입니다. 가르침은 교리입니다. 예수님의 마음을 안다는 것은 교리와 상관없이 살 수 있다는 자유를 선포하는 것이 아니라, 그 교리가 무엇인지를 알아 간다는 뜻입니다.

하나님이 주신 계명이 죽은 교리에 머물지 않는 방법은 교리를 버리는 것이 아니라, 그것을 주신 분의 마음을 알아 가는 것입니다.

하나님이 사랑 없이 십자가에 죽어야 한다는 목적으로만 우리의 죄 문제를 해결하려 하셨다면 그 과정이 얼마나 힘들고 무섭고 어려운 일이겠습니까? 그런데 하나님은 우리를 사랑하시기 때문에 능히 십자가 죽음을 감당하셨다고 말씀합니다(롬 5:8).

이 사실이 믿어집니까? 마음에서 느껴집니까? 하나님을 진심으로 사랑하십니까? 나 때문에 지셨던 그 십자가가 내 마음을 아프게 합니까?

크리스천이란 하나님 아버지의 마음을 아는 사람입니다. 하나님 아버지의 마음이 있는 곳에 나의 마음이 가고, 하나님 아버지의 눈물이 있는 곳에 나의 눈물이 있고, 하나님 아버지의 발걸음이 있는 곳에 나의 발걸음이 향하기 시작할 때 우리의 삶에서 계명이 지켜지는 것을 경험하게 됩니다. 그것을 경험하는 사람이 크리스천입니다.

우리가 하나님을 진심으로 사랑한다면 결코 다른 신을 섬기거나 절하지 않을 것입니다. 하나님을 사랑하는데 우상을 만들겠습니까? 사랑하는 하나님이 영광 받으시기를 원하며 예배하지 않겠습니까? 안식일에 우리가 사랑하는 하나님을 예배하는 것이 그렇게 죽도록 노력해야 지켜지는 것일까요? 무거운 짐이 아니라 오히려 기쁨이지 않겠습니까? 그러니 하나님의 율법은 '지키는' 것이 아니라 '지켜지는' 것이 아닐까요?

마찬가지로 하나님을 사랑하기 때문에 그분이 사랑하시는 이웃을 사랑하게 되고, 부모와 어른을 공경하게 되고, 생명을 소중하게 생각하게 되고, 다른 사람의 육체적 순결을 지키는 것도 자연스럽게 따라오는 것입니다. 이웃을 사랑하는데 어떻게 그 사랑을 해하려고 거짓 증거할 수 있겠습니까?

스캇 솔즈는 이렇게 말합니다.

> 교리는 우리 믿음의 뼈대와도 같다. 몸의 나머지 부분을 세우고 지탱하려면 뼈대가 필요하다. 하지만 뼈만 보이면 그 몸은 영양실조에 걸린 몸이거나 죽은 몸이다. 교리도 마찬가지다. 교리만 보인다면 그 기독교는 병들었거나 죽은 기독교다.[4]

우리를 향한 하나님의 사랑을 알 때 계명은 메마른 뼈대가 아니라 삶을 지탱해 주는 건강한 지지대가 될 것입니다. 사랑을 덧입은 계명이 우리에게 주는 부요함을 알게 될 것입니다. 그러나 마음이 없는 율법은 우리를 바리새인처럼 만들 것입니다. 하나님의 마음을 알 때 비로소 율법이 완성됩니다.

십계명을 통해 하나님의 마음을 알아 가기를 바랍니다. 율법을 지키기 위해 사는 것이 아니라, 지켜지는 율법을 보고 기뻐하고 감사하며 살기 바랍니다. 율법을 지키려고 애쓰기보다, 그 율법을 주신 하나님과 함께하는 것을 즐거워하며 하나님과 동행하는 삶을 살기 바랍니다.

■
4 스캇 솔즈, 앞의 책

너무 사랑하면
우상이 됩니다

사실 십계명에는 '이 시대를 살아가는 우리에게 문자 그대로 적용할 수 있는가', '각각의 계명은 무엇을 의미하는가' 등 여러 논쟁거리가 있습니다. 그러나 저는 십계명으로 논쟁하기 보다는 '어떻게 지켜야 하는가' 하는 고민을 던지고자 합니다.

십계명은 성경에서 두 번 언급됩니다. 출애굽기 20장과 신명기 5장입니다. 십계명은 주전 1450년 경 출애굽 한 이스라엘이 광야에서 약속의 땅 가나안으로 들어가면서 하나님의 백성으로서 새로운 땅에서 지켜야 할 것을 율법으로 받은 것입니다.

1-4계명은 하나님의 사람으로 불림을 받은 우리가 하나님 앞에서 지켜야 할 것이 무엇인지를 다루고 있습니다. 그리고 5-10계명까지는 인간들 사이에서 지켜야 하는 것을 규정하고 있습니다.

저는 각각의 십계명을 다루면서 묵상할 순서를 조금 뒤집어 봤습니다. 제10계명에서 출발해 제1계명을 향해 갈 것입니다. 이것은 《모든 사람을 위한 하나님의 법 십계명》(홍성사 역간)의 저자 J. 존의 제안을 따른 것이기도 합니다. 저는 모든 계명에서 다루는 죄가 무엇인지를 살피고, 문제의 핵심과 현대를 살아가는 우리에게 주는 의미가 무엇인지, 어떻게 계명을 지킬 것인지를 제안할 것입니다. 이러한 방식은 마치 주변에서 시작해 핵심으로 나아가는 것처럼 심장부를 향해 나갈 것입니다. 모든 계명이 제1계명을 향하고 있기 때문입니다.

사실 제1계명만 제대로 지켜도 나머지 아홉 계명은 전혀 문제될 것이 없습니다. 하나님 외에 그 어떤 것도 마음에 두지 않고, 우선순위를 하나님께 두고 있다면 어떤 죄도 지을 수 없을 것이기 때문입니다.

그러나 문제는 늘 우상입니다. 팀 켈러(Timothy J. Keller)는 우상에 대해 이렇게 정의합니다. '내 마음속에서 절실하게 원하는 것이 우상이다!'[5] 혹시 지금 하나님 외에 마음속에 절실하게 원하는 것이 있습니까? 목회자를 예로 들어 보겠습니다. 목회자라면 대부분 교회 성장에 대한 꿈을 꿀 것입니다. 그런데 그게 잘못된 것입니까? 꿈 자체는 잘못되지 않았습니다. 인간이라면 누구나 성취욕구가 있기 때문입니다. 목회자도 그렇습니다. 목회를 통해서 성장해야겠다고 하는 욕구를 가질 수 있습니다. 그런데 문제는 교회의 부흥이 하나님보다 앞서기 시작할 때입니다. 그것이 무엇이든 하나님보다 앞서기 시작하면 우리는 하나님을 두려워하지 않는 무서운 일을 저지르게 됩니다.

사업을 하는 사람들에게 성공에 대한 욕망은 죄가 아닙니다. 그런데 그 욕망이 하나님을 앞서서, 하나님의 영광이 가리기 시작할 때 성경은 그것을 죄라고 말씀하고 있습니다. 신앙생활을

---

5 팀 켈러, 《내가 만든 신》, 두란노

하면서 예수의 이름으로 우상숭배를 할 수 있는 것입니다. 예를 들어 BAM(Business as Mission)이라는 것이 있습니다. 사업을 통해 선교를 하는 것입니다. 그런데 막상 사업에 뛰어들어 보니 경제적 문제가 생기고, 그러다 보면 선교를 하겠다는 마음은 온데간데없고 주객이 전도될 때가 많습니다.

하나님 앞에 계명을 지킨다는 것은 우리가 제일 중요하게 생각하는 것을 포기하는 것입니다. 십계명은 우리에게 철저하게 포기해야 할 것이 무엇인지를 가르치고 있습니다.

아브라함에게는 평생 소원으로 얻은 아들 이삭이 있었습니다. 그런데 하나님은 아브라함에게 무엇을 요구하십니까?

> 여호와께서 이르시되 네 아들 네 사랑하는 독자 이삭을 데리고 모리아 땅으로 가서 내가 네게 일러 준 한 산 거기서 그를 번제로 드리라 창 22:2

하나님은 왜 이런 시험을 하셨을까요? 아마도 아브라함의 아들에 대한 애정이 '숭배'로 변한 것에 대한 경계가 아니었을까요? 아들을 사랑하면 안 된다는 말씀이 아닙니다. 아들을 너무 많이 사랑한 결과 하나님을 적게 사랑함이 문제라는 것입니다. 그래서 하나님은 사랑의 대상을 숭배하는 것에 대한 잘못을 지적하십니다.

하나님이 아브라함에게 요구하신 것은 '선택'이 아니라 '결단'입니다. '논쟁'이 아니라 규칙과 '순종'입니다.

결국 아브라함의 결단은 하나님을 인정함에서 시작됩니다. 이삭을 제물로 바치라는 하나님의 엄청난 요구가 있은 후에 아브라함은 종들에게 이렇게 말하고 있습니다.

> 이에 아브라함이 종들에게 이르되 너희는 나귀와 함께 여기서 기다리라 내가 아이와 함께 저기 가서 예배하고 우리가 너희에게로 돌아오리라 하고 창 22:5

이 말씀에서 '우리'는 아브라함과 이삭입니다. 아브라함은 지금 하나님께 아들을 제물로 바치라는 명령을 받았습니다. 그런데 종들에게 "우리가 너희에게로 돌아오리라"라고 말을 합니다.

아브라함도 하나님이 어떻게 하실지 모릅니다. 하지만 그의 마음속에 확신이 있었습니다. 하나님이 이삭을 제물로 드리라고 하셨지만, 다시 돌아오게 될 것이라는 믿음, 하나님이 약속하신 것은 반드시 이루실 것이라는 신뢰하는 마음이 있었던 것입니다. 팀 켈러는 이 부분을 이렇게 표현하고 있습니다.

> 아브라함은 그저 '맹신'한 게 아니다. '이건 미친 짓이고 살인이지만 그래도 나는 하겠다'라고 말한 것이 아니다. 대신

'나는 하나님이 거룩하시고 은혜로우신 분임을 안다. 어떻게 하실지는 모르지만 분명히 이번에도 하나님이 그런 분임을 보이실 것이다'라고 말했다.[6]

아브라함은 하나님의 시험이 무엇인지를 알았습니다. 단순히 아들 이삭을 하나님보다 더 사랑함을 벌하시려는 것이 아니라, 하나님을 최고로 사랑하는지를 알기 원하셨다는 것을 말입니다. 이 말씀은 이렇게 마무리 됩니다.

> 사자가 이르시되 그 아이에게 네 손을 대지 말라 그에게 아무 일도 하지 말라 네가 네 아들 네 독자까지도 내게 아끼지 아니하였으니 내가 이제야 네가 하나님을 경외하는 줄을 아노라
>
> 창 22:12

시험은 굉장히 곤고하고 힘듭니다. 우리의 삶의 현장에서 하나님의 계명이 구체적으로 적용되기 시작할 때 우리는 얼마나 많은 손해를 감수해야 하는지도 철저히 경험할 것입니다. 게다가 시험을 이기는 방법과 답이 우리에게 있지도 않습니다. 그러나 아브라함의 고백처럼 어떻게 하나님이 일하실지 우리는 알지 못하나, 그럼에도 하나님이 하실 일들을 목격하게 될 것입니다.

---

6 팀 켈러, 앞의 책

이 부분에서 우리가 깨닫게 되는 것이 있습니다. 하나님이 아브라함에게 이런 시험을 하신 것은 그의 삶을 곤고하게 하기 위함이 아니라 그를 향한 하나님의 사랑과 자비라는 것입니다.

제이슨 미첼(Jason Mitchell)의 책에 이런 말이 있습니다.

> 사실, 단순히 '믿기만' 하는 수준을 넘어 실제로 '따르기' 전까지는 진짜 예수를 만날 수 없다. 그리고 당연한 말이지만 단순히 믿기만 하는 것보다 따르는 것이 훨씬 더 어렵다. 내가 경험해 보니 단순히 기독교 집안에서 태어나 교회를 다니다 보면 자신도 모르는 사이 예수님을 믿게 될 수 있다. 하지만 우연히 믿는 것은 가능할지 몰라도 우연히 따르는 것은 불가능하다. 예수님을 따르려면 의식적인 결단과 행동이 필요하다.[7]

하나님을 믿는다는 고백은 얼마든지 할 수 있습니다. 그러나 하나님을 따르는 것은 의지적인 결단에 관한 문제입니다. 십계명은 하나님을 믿고 따르는 자들로서 우리가 결단하고 살아야 할 이유를 분명히 말씀하고 있습니다. 성경이 우리에게 계명을 주신 것은 쉬운 길로 가라는 뜻이 아니라 하나님의 뜻대로 살아가게 함입니다.

■
7 제이슨 미첼, 《쉬운 예수는 없다》, 두란노

십계명은 우리를 억압하는 것이 아닙니다. 단지 어떻게 살아가야 하는 것이 올바른 일인지를 깨닫게 하는 것입니다. 아브라함이 하나님의 시험을 통해 이삭을 향한 사랑이 우상숭배였음을 깨닫게 하셨던 것처럼, 십계명을 통해 우리 인생의 잘못된 방향이 무엇인지를 알게 될 것입니다.

> 37 예수께서 이르시되 네 마음을 다하고 목숨을 다하고 뜻을 다하여 주 너의 하나님을 사랑하라 하셨으니 38 이것이 크고 첫째 되는 계명이요 39 둘째도 그와 같으니 네 이웃을 네 자신 같이 사랑하라 하셨으니 40 이 두 계명이 온 율법과 선지자의 강령이니라 마 22:37-40

PART 1

어떻게
살 것인가?

1

'조금만 더' 있으면
만족하겠습니까?

　하나님은 우리가 예수님을 '주'로 고백하는 순간 하나님의 자녀가 되는 권세를 주셨습니다(요 1:12). 무슨 뜻일까요? 만약 내가 굉장한 부자라고 가정해 봅시다. 그리고 나에게는 눈에 넣어도 아프지 않을 소중한 자녀가 있습니다. 언젠가 때가 되면 내가 가진 것 전부를 자녀에게 물려줄 것이지만 지금은 아닙니다. 그걸 갖고 '왜 내 부모는 지금 당장 나에게 재산을 물려주지 않는가!' 하며 전전긍긍할 자녀가 있습니까? 오히려 '내 부모는 나에

> 네 이웃의 집을 탐내지 말라
> 네 이웃의 아내나 그의 남종이나 그의 여종이나 그의 소나 그의 나귀나
> 무릇 네 이웃의 소유를 탐내지 말라
>
> 출 20:17

게 좋은 것을 주실 수 있구나' 하는 믿음이 그의 삶을 풍요롭게 만들어 줄 것입니다. 저 역시 어릴 때는 아버지의 그늘을 참 벗어나고 싶었고, 나름대로 혼자 자립해 열심히 살아가고 있는 줄 알았지만 이제 와 생각해 보면 이 모든 것이 아버지의 영향 아래 있었다는 것을 깨닫곤 합니다.

이처럼 자녀의 권세를 가졌다는 것은 아버지의 모든 유산을 상속받을 자격을 얻었다는 것입니다. 우리가 하나님 아버지의 권

세를 가졌다는 것은 굉장한 축복입니다. 지금 소유하는 것은 우리가 앞으로 받을 전체 유산의 지극히 작은 일부에 불과합니다. 그렇기 때문에 우리는 축복받은 자의 여유로 살아야 합니다. 우리 크리스천에게서 나타나야 하는 본질적인 모습, 아름다움이 바로 이것입니다. 현재 소유의 많고 적음에 관계없이 자족과 너그러움으로 살아가는 모습입니다.

물론 저도 처음부터 이런 너그러움이 있지는 않았습니다. 미국 유학 시절, 돈 없는 유학생이었던 저는 조금이라도 싼 물건을 찾아다니곤 했습니다. 그런데 문제는 물건을 싸게 사면 기분이 좋아야 하는데 그렇지가 않았습니다. '더 싼 게 있을 텐데' 하는 생각이 들었던 것입니다. 실제로 다른 매장에서 같은 물건을 더 싸게 파는 경우도 있었는데, 그걸 본 날은 손해 봤다는 생각에 억울하기까지 했습니다.

그때부터 저는 삶에 원칙을 하나 만들었습니다. '물건을 산 후에는 절대 다른 곳에서 값을 물어보지 않는다. 물건을 샀으면 내가 내린 결정이 가장 좋은 선택이라 생각하자!' 즉 미련을 두지 말자는 것입니다. 그러고 나니 마음이 편안해졌습니다.

우리는 내가 가지고 있는 것에 대해서 '이게 최선이다'라고 생각하며 만족하기 보다는 '이보다 더 좋은 것이 있을 것이다' 하며 불편한 시간을 보냅니다. 내가 소유하지 못한 것에 미련을 품고, 가져도 쉽게 만족하지 못하는 것, 이것이 탐욕 아닐까요?

우리에게는 하나님의 자녀가 되는 권세가 있습니다. 이 믿음을 상실하는 순간 우리는 감사와 만족을 잃어버리고 다른 사람들과 비교하기 시작합니다. 여기서 탐욕이 시작됩니다. 이 탐욕은 단지 남의 것을 빼앗는 정도가 아니라 하나님이 나누어 주신 것을 믿지 못하는 불신앙의 모습이기도 합니다.

우리는 주어진 모든 환경 가운데서 얼마나 많은 감사를 하고 있으며, 주어진 축복을 얼마나 누리고 있습니까?

채우고 채워도 만족이 없는 인생은 지옥입니다

미국 최고의 부자에게 어떤 기자가 물었습니다. "얼마나 더 가지면 만족하겠습니까?" 그러자 그는 "조금만 더"라고 대답했다고 합니다. 그런데 과연 '조금만 더' 있으면 우리의 부족이 채워질까요?

탐심이 무서운 이유는 삶을 지옥으로 만들기 때문입니다. 성경에서 지옥을 뜻하는 표현 중에 '무저갱'이라는 말이 있습니다. '바닥이 없는 영원한 구렁텅이'라는 의미입니다. 아무리 떨어지고 떨어져도 바닥이 없으니 얼마나 무섭습니까? 그런데 이 탐심이라는 놈이 무저갱 같다는 것입니다. 아무리 채우고 채워도 만족이 없는 인생은 지옥과 같은 인생입니다.

십계명의 열 번째 계명은 다른 계명들과 다른 점이 있습니다.

바로 '행위'가 아니라 '마음'에 대해 다룬다는 것입니다. '탐내다'라는 말에는 어떤 대상을 바라고 희망한다는 뜻이 있습니다. 이렇게 보면 이 말이 그렇게 나쁜 뜻이 아닙니다. 그런데 남의 것을 바라고 희망하니 문제가 됩니다. 그렇게 되면 소유욕이 생기고, 그 욕망으로 인해 발생하는 행동의 결과가 악해집니다. 즉 죄로 인해 비극적인 일들이 발생하는 것입니다.

인류 최초의 범죄가 '탐욕으로 인한 불순종' 때문이었다는 것을 기억합니까? 뱀의 유혹을 받은 하와는 하나님이 금하신 나무를 바라보았습니다(창 3:6). 정말 신기하지 않습니까? 하나님은 아담과 하와에게 에덴동산의 모든 것을 다 주셨지만 단 하나, 선악과만은 따먹지 말라고 하셨습니다. 이들에게는 부족한 것이 없었습니다. 그런데 사탄이 선악과가 있는 곳으로 하와를 데려가는 순간 그것이 먹음직스럽고 보암직스러워졌습니다. 그 순간 자기가 가진 많은 것에 대한 만족이 아니라 가지지 못한 한 가지에 대해 탐욕이 찾아옵니다. 하나님이 충분히 살 수 있는 환경과 지혜를 주셨음에도 불구하고 탐욕 때문에 불순종의 죄를 짓게 된 것입니다. 인간의 죄는 탐욕에서부터 시작합니다.

성경에 창조만큼이나 중요한 사건이 등장합니다. 바로 이스라엘의 출애굽 사건입니다. 이스라엘은 출애굽 후 40년 광야 생활 끝에 하나님이 허락하신 약속의 땅, 가나안에 진입합니다. 그리고 첫 번째 전쟁, 여리고 성과의 전쟁에서 승리합니다. 그때 하나님이 이스라엘 백성에게 하신 명령이 있습니다. 전리품을 일체 취하지 말고 모두 하나님께 가져오라는 것이었습니다(수 6:18). 그런데 한 사람, 아간이 그 물건을 탐하여 숨깁니다.

그 결과 이스라엘은 그 큰 여리고 성에 비하면 아주 작은 아이 성과의 전투에서 비참하게 패하고 맙니다. 하나님은 이스라엘 백성에게 "너희 중에 내 말에 순종하지 않고 내 것을 숨긴 자가 있다"고 하시며 무섭게 질책하십니다. 결국 아간은 가족들과 함께 골짜기에서 처형을 당하는데, 이곳이 '아골 골짜기', 즉 괴로움과 재난의 골짜기입니다.

하나님이 왜 그러셨을까요? 여리고 성의 그 많은 물건들 중에 얼마 되지도 않는 것을 훔쳤다고 하여 이렇게 무섭게 질책하실 필요가 있었을까요?

하나님은 이스라엘의 첫 전쟁을 통해 이들에게 순종을 가르치려 하셨습니다. 전쟁은 하나님께 속한 것이요, 그러기에 전쟁을 통하여 얻은 것은 모두 하나님의 것임을 인정하도록 한 것입니다. 그래서 욕심을 부리며 탐욕으로 살 것이 아니라, 앞으로 이스라엘이 누리게 될 축복의 주권이 누구에게 있는가를 분명히 가르치고자 하신 것입니다. 그것을 모른다면 하나님의 사람이 될 수 없다는 것을 알려 주고 싶으셨던 것입니다.

문제는 물질의 많고 적음이 아니라 태도입니다

지금 내가 가진 것, 누리는 것에 만족합니까? 하나님이 내게 좋은 것을 주셨다는 믿음이 있습니까? 이 물음에 대답하기 참 힘들 것입니다. 우리 중에 주어진 것을 만족할 만한 사람이 얼마나 되겠습니까? 아무리 많이 가졌다 한들 "조금만 더"를 외치며 살아가는 것이 인간입니다.

본래 인간의 탐욕은 끝이 없습니다. 이것이 모든 사회적인 부정, 불의, 부패의 근원이 됩니다. 특히 없어서 일으키는 범죄가 아니라 가진 자, 권력이 있는 자의 탐욕이 얼마나 무서운 범죄를 일으키는 지는 가늠조차 할 수 없습니다.

그래서 성경은 이 탐욕에 대하여 아주 무섭게 질책합니다.

> 1 그들이 침상에서 죄를 꾀하며 악을 꾸미고 날이 밝으면 그 손에 힘이 있으므로 그것을 행하는 자는 화 있을진저 2 밭들을 탐하여 빼앗고 집들을 탐하여 차지하니 그들이 남자와 그의 집과 사람과 그의 산업을 강탈하도다 3 그러므로 여호와의 말씀에 내가 이 족속에게 재앙을 계획하나니 너희의 목이 이에서 벗어나지 못할 것이요 또한 교만하게 다니지 못할 것이라 이는 재앙의 때임이라 하셨느니라 미 2:1-3

탐욕과 탐심이 인간이 범하는 모든 죄의 시발점이 되기에 예수님도 특별히 이 부분에 대하여 경계하셨습니다(눅 12:15). 예수님은 이어서 어리석은 부자의 비유를 들어 말씀하셨습니다.

> 16 또 비유로 그들에게 말하여 이르시되 한 부자가 그 밭에 소출이 풍성하매 17 심중에 생각하여 이르되 내가 곡식 쌓아 둘 곳이 없으니 어찌할까 하고 18 또 이르되 내가 이렇게 하리라 내 곳간을 헐고 더 크게 짓고 내 모든 곡식과 물건을 거기 쌓아 두리라 19 또 내가 내 영혼에게 이르되 영혼아 여러 해 쓸 물건을 많이 쌓아 두었으니 평안히 쉬고 먹고 마시고 즐거워하자 하리라 하되 20 하나님은 이르시되 어리석은 자여 오늘 밤에 네 영혼을 도로 찾으리니 그러면 네 준비한 것이 누구의 것이 되겠느냐 하셨으니 21 자기를 위하여 재물을 쌓아 두고 하나님께 대하여 부요하지 못한 자가 이와 같으니라 눅 12:16-21

우리가 하나님 앞에 무엇을 쌓을 수 있을까요? 내가 가진 것 중에 하나라도 내 것이 있습니까? 내가 노력해서 얻었으니 내 것이라 할 수 있습니까? 내가 아무리 저축을 많이 넣는다고 해도 그것이 내 것일까요? 착각하지 말아야 할 것이 있습니다. 작은 물건 하나라도 내 것이라 소유를 주장하면 그것은 하나님께 속한 물건을 훔치는 죄를 짓는 것입니다.

열 번째 계명에서 하나님이 금하신 탐욕의 대상이 무엇인지 구체적으로 살펴보겠습니다.

> 네 이웃의 집을 탐내지 말라 네 이웃의 아내나 그의 남종이나 그의 여종이나 그의 소나 그의 나귀나 무릇 네 이웃의 소유를 탐내지 말라 출 20:17

여기에서 '집'은 단순한 건물을 뜻하는 것이 아니라 보다 포괄적인 의미를 가지고 있습니다.

> 여호와께서 노아에게 이르시되 너와 네 온 집은 방주로 들어가라 이 세대에서 네가 내 앞에 의로움을 내가 보았음이니라 창 7:1

이 말씀에서 집은 노아의 아들과 며느리, 그리고 그의 전 재산을 포함하고 있습니다. 특히 이스라엘의 사고에서는 아내 역시 소유물의 개념으로 보았기 때문에 탐욕의 대상일 수 있습니다. 그렇게 생각하면 제10계명이 제7계명의 "간음하지 말라"와 제8계명의 "도적질하지 말라"와 중복되는 것 같습니다. 하지만 조금만 더 생각하면 제7계명과 제8계명이 남의 것을 빼앗고 훔치는 행동을 금하고 있는 것이라면, 제10계명은 한걸음 더 나아가서 그러한 행동을 불러일으키는 내면의 탐욕과 탐심 자체를 금지하고 있다는 것을 깨닫게 됩니다.

문제의 핵심은 물질적인 소유의 많고 적음에 있는 것이 아닙니다. 하나님은 지금 우리에게 주어진 것의 많고 적음이나 종류에 대한 문제를 논하자고 하시지 않습니다. 야간이 많이 훔쳤는지 적게 훔쳤는지, 무엇을 훔쳤는지는 하나님께 중요하지 않습니다.

다만 문제는 지금 나에게 주어진 모든 것에 대하여 하나님의 선하심을 인정하는가 하는 것입니다. 우리가 갖고자 하는 것, 얻고자 하는 이 모든 것을 하나님이 허락하시지 않는다면 가질 수 없다는 사실을, 이 모든 것의 주권이 하나님께 있다는 것을 인정해야 합니다.

즉 물질적인 소유에 대하여 우리가 어떠한 생각과 태도를 갖고 살아가느냐가 문제입니다. 그래서 탐심은 곧 믿음과 관계되어 있습니다. 믿음이란 나의 삶을 향한 전적인 하나님의 신실하심을 믿는 것입니다.

물질의 소유가 나쁜 것이 아닙니다. 물질을 포기하라는 말도 아닙니다. 하나님과 재물을 동등한 위치에 두고 경쟁할 수 있습니까? 물질을 소유하는 것 보다는 주님을 따르는 것이 더욱 중요하다는 사실을 인정해야 합니다. 영혼과 하나님께 관심을 두고 주님의 길을 따르는 올바른 삶에 우선순위를 두라는 것입니다.

즉 제10계명은 신앙에 아주 본질적인 부분, 우리 삶의 우선순위를 묻는 것입니다. 하나님이 우리 삶에 우선순위가 되기 시작할 때 삶의 방식이 바뀐다는 걸 말씀합니다.

참 신기한 것은, 나의 만족이 우선순위가 되면 우리는 하나님을 버립니다. 반대로 하나님이 나의 삶에 우선순위가 되면 우리는 세상 것을 놓을 수 있습니다. 이런 우선순위를 아는 사람들에게만 '하나님 나라의 방식'을 알려 주십니다.

하나님은 우리가 추수할 때 고아와 과부와 객이 된 자를 위해 우리의 몫을 남겨 두고, 더 이상 탐욕을 부리지 말라고 말씀하십니다. 너희가 애굽에서 종 되었던 때를 기억하고, 그런 너희를 인도해 내신 하나님, 광야에서 먹이고 살리신 하나님을 기억하며, 하나님이 너희 주 여호와인 것을 기억하며 너희도 하늘나라의 방식으로 살라는 것입니다(신 24:19-22).

그런데 하나님이 우리 삶에 우선순위가 되지 못하고 물질이 먼저가 되면 결단코 이런 하늘나라의 방식으로 살아갈 수 없습니다. 하나님 중심적인 삶을 살면 하나님을 위하며 포기할 수 있는 이유들이 생기지만, 다른 것을 우선하는 삶을 살면 그것 때문에 하나님을 포기하게 될 것입니다. 하나님을 우선하여 살면 하나님의 말씀에 순종하는 삶을 살지만, 하나님보다 우선하는 것이 있다면 탐욕의 마음이 들 때 언제든지 하나님께 불순종하는 삶을 살게 될 것입니다.

하나님은 욕망이 아니라
필요를 채우십니다

세상 돌아가는 것을 보면 하나님 앞에 참 부끄러운 일들이 많습니다. TV만 틀면 돈 많은 정치인, 기업인, 심지어 대통령까지 감옥에 가는 일들이 벌어집니다. 이게 다 돈 때문입니다.

왜 우리는 이런 탐욕에서 벗어나지 못하는 것일까요? 왜 우리는 하나님 앞에 필요를 구하는 것으로 끝내지 않고 저 무저갱 가운데 탐욕과 욕망으로 그렇게 빠져들어 가는 것일까요?

우리는 심각하게 고민해 봐야 합니다. 내 신앙의 자세를 되짚어 봐야 합니다. 내 간구함이 하나님 앞에서 필요를 구하고 있는지, 정욕을 위하여 원하는 것을 구하고 있는지를 구별해야 합니다. 하나님은 우리의 필요를 채워 주시는 분이지 우리의 욕망을 채워 주시는 분이 아니라는 것을 분명히 알아야 합니다.

이스라엘이 출애굽 하여 광야에서 훈련받는 동안 배운 가장 중요한 교훈 중 하나는 '하나님은 필요한 것을 주신다'라는 믿음이었습니다. 광야를 지나는 동안 하나님이 이들에게 필요한 것을 채워 주셨는데, 그중 가장 대표적인 것이 만나와 메추라기입니다. 그러나 그들이 욕망을 가지고 필요를 넘어서는 것을 구할 때 하나님은 그 축복이 한순간에 탐욕의 무덤이 되게 하셨습니다. 욕망을 이루는 것이 축복이 아니라는 사실을 분명히 알려 주셨습니다.

제가 굉장히 좋아하는 말씀이 있습니다.

> 7 내가 두 가지 일을 주께 구하였사오니 내가 죽기 전에 내게 거절하지 마시옵소서 8 곧 헛된 것과 거짓말을 내게서 멀리 하옵시며 나를 가난하게도 마옵시고 부하게도 마옵시고 오직 필요한 양식으로 나를 먹이시옵소서 9 혹 내가 배불러서 하나님을 모른다 여호와가 누구냐 할까 하오며 혹 내가 가난하여 도둑질하고 내 하나님의 이름을 욕되게 할까 두려워함이니이다
> 잠 30:7-9

이 지혜서의 기자는 너무 많이 가지면 하나님을 잊고 잃을 수 있다는 것, 그리고 너무 돈이 없어 어려우면 하나님 앞에 범죄할 수도 있다는 것을 깨달았습니다. 그래서 그는 너무 부하게도, 너무 가난하게도 하지 말아 달라 기도합니다.

이 기자의 초점이 어디에 있습니까? 물질의 많고 적음이 아닙니다. 하나님을 잃어버리지 않고 살아가는 것, 하나님의 손길을 경험하며 살아가는 것에 있습니다. 이것이 신앙인의 삶이라는 것을 지혜자는 우리에게 이야기하고 있습니다.

너무 많이 가져 하나님과 멀어지는 것이 두렵지 않습니까? 오늘도 내 삶에 필요한 것을 채우시는 하나님의 사랑을 느끼지 못합니까? 탐욕이 정말 무서운 것은 하나님과의 관계를 틀어져

버리게 하는 것입니다. 탐욕은 하나님의 공의를 인정하지 않게 합니다. 하나님의 자비를 인정하지 않게 합니다. 결국 탐욕은 하나님과의 관계에 치명적인 영향을 미치게 합니다. 탐욕은 곧 하나님께 불만을 가지고 있다는 것을 입증합니다.

'하나님만으로 만족할 수 없다'는 것은 내 이기심이 채워지지 않았다는 것입니다. 인간은 끊임없이 다른 종류의 신을 만들어 욕망을 채우려 합니다. 만족을 얻으려 하지만 여전히 목마르고 채워지지 않는 지옥을 경험합니다. 자신을 위해 만든 거짓 신들과 형상들로 인해 '지옥' 가운데 살게 됩니다. 하나님을 갈망하면 생수를 경험하는데, 육신의 욕망을 갈망하면 더욱 목마름을 느끼게 됩니다.

과거 노예생활을 하던 흑인들은 그렇게 매를 맞으면서도 하나님을 노래했습니다. 뭐라고 노래했는지 아십니까? 'God is good' 하나님은 선하시다고 고백했습니다. 고통 중에서도 믿음을 지키고 하나님을 선하시다고 고백하는 자만이 공의로우신 하나님 앞에서 죄를 짓지 않습니다. '하나님은 불공평하다. 내 필요를 채워 주지 않았다'라고 생각할 때 우리는 믿음을 잃어버리고 하나님을 잃어버리고 쉼을 잃어버리고 평안을 잃어버립니다.

사실 욕망, 탐욕으로부터 자유로울 수 있는 사람은 많지 않습니다. 저도 그렇습니다. 욕망을 이기는 것 중에 하나가 돈으로부터 조금이라도 자유로워지는 것이라는 생각에 저는 돈을 모으지 않고 살면 좋겠다고 원칙을 정하고 월급 외에 강연이나 집회, 주례비 등으로 생기는 돈을 다시 교회에 헌금했습니다. 이것이 옳다고 생각했습니다. 그런데 그런 헌금도 많이 할 때 기분이 더 좋았습니다. 그러다 보니까 외부집회 요청에 거절하지 않고 바쁘게 여기저기 다녔습니다.

그런데 그렇게 돈을 더 많이 모아서 헌금할수록 스스로 제 의가 쌓여 갔습니다. 이것이 나에게 또 하나의 욕망이고 탐욕이구나 하는 것을 깨달았습니다.

하나님은 우리가 하나님께 많은 돈을 드리는 것을 기뻐하시는 분이 아닙니다. 하나님 앞에 우리의 필요를 알리고, 일용할 양식을 구하고, 쉼을 얻는 것을 기뻐하십니다. 그런데 제가 이것을 놓치고 있었던 것입니다.

자주 건강이 나빠져 진료를 받으면 치료법은 항상 분명합니다. "쉬세요. 쉬면 좋아집니다." 한번은 의사로부터 "달력에 빈칸을 남겨 놓으세요"라는 이야기를 듣고 그대로 실행해 봤습니다. 처음엔 어렵지 않습니다. 그런데 조금 지나면 그 빈칸들이 할 일들로 꽉 차고 맙니다.

왜 이렇게 쉼이 없는 걸까요? 그것도 또 하나의 탐욕입니다. 이것도 내가 해야 하고, 저것도 내가 해야 한다는 욕망을 내려놓지 않으면 선하신 하나님을 경험하며 살아가기가 힘듭니다.

욕망을 채우려는 공허함은 우리에게서 '쉼'을 앗아갑니다.

하나님이 주신 삶의 '여백'이 감사와 기쁨이 아닌, 욕망의 도구가 될 때 점점 피폐해져 가는 삶을 경험하게 되는 것입니다. 중요한 것은 내가 행하는 모든 일들이 하나님 때문인지, 아니면 탐욕 때문인지를 깊이 생각해 봐야 합니다.

"내가 하나님을 믿습니다"라고 말하고 정작 내 욕망을 이루기 위해 아등바등 살고 있진 않습니까?

믿음이
우리를 부요하게 합니다

우리는 어떻게 탐욕을 이길 수 있을까요? 무엇이 우리 삶을 만족하게 할까요? 이 질문을 하기에 앞서 이렇게 묻고 싶습니다. 당신에게 하나님은 선하십니까?

탐욕이 부족한 자의 산물이라면, 탐욕을 이기는 길은 충분한 사랑과 만족감을 가지고 사는 것입니다. 즉 어떠한 때, 어떠한 상황에서든지 하나님이 우리의 필요를 완벽하게 채우시는 분이라는 사실을 믿는 믿음이 있을 때 우리는 탐욕에서 벗어날 수 있습니다. 탐욕을 이기는 것은 소유의 많고 적음, 환경의 문제가 아닙니다. 우리가 하나님을 주님으로 고백하고 있느냐의 문제입니다.

한없는 사랑을 받고 있다는 것보다 더 큰 만족이 있을까요? 하나님의 큰 사랑이 나를 향하고 있다는 것보다 더 큰 기쁨이 있을까요? 하나님의 사랑은 우리가 생각하는 사랑과는 차원이 다릅니다. 그리고 이 놀라운 사랑과 관심을 우리는 지금도 받고 있습니다.

어느 주일학교에 형제가 함께 등록을 하려고 왔습니다. 선생님이 이름과 생년월일을 물어보니 키가 좀 더 큰 아이가 말했습니다.

"우리는 둘 다 일곱 살이에요. 내 생일은 4월 8일이고, 내 동생 생일은 같은 해 4월 20일이에요."

이 말을 들은 선생님은 의아해하며 말했습니다.

"그럴 수는 없지! 그것은 불가능한 일이야."

"사실이에요. 우리 중 하나는 양자거든요."

선생님은 자기도 모르게 "그러면, 누가 양자란 말이니?" 하고 물었습니다. 이 말에 두 소년은 서로 바라보고 씽긋 웃었습니다.

"우리도 아버지에게 똑같은 질문을 했어요. 그런데 아버지는 우리 둘 다 너무나 사랑하셔서 누가 양자인지 잊어버리셨대요."

사실은 우리가 하나님 앞에서 이런 사랑을 받고 있지 않나요? 내가 지금까지 어떻게 살아왔든 상관없이 하나님은 나를 자녀 삼으셨습니다. 사실 그럴 자격은 내게 없는데, 하나님이 우리에게 권세를 주셔서 우리가 부요한 것입니다. 이 사랑을 힘입어 살아가는 삶이 '은혜의 삶'인 것입니다. 이 은혜의 삶을 살아가면 우리는 영적 성숙을 경험합니다. '조금 더' 채워져서 만족해지는 것이 아니라, 지금도 충분히 부요함을 고백하는 것입니다.

패역한 이스라엘, 하나님 앞에 너무 많은 징계로 힘들어하는 이스라엘 백성에게 이사야가 하나님의 말씀을 전합니다.

여인이 어찌 그 젖 먹는 자식을 잊겠으며 자기 태에서 난 아들을 궁휼히 여기지 않겠느냐 그들은 혹시 잊을지라도 나는 너를 잊지 아니할 것이라 사 49:15

언젠가 집회를 하는데 수많은 사람이 모여 있는 중에 우리 교회 장로님들이 보였습니다. 얼마나 반가웠는지 그 많은 사람 사이에서도 장로님들 얼굴이 크고 환하게 제 눈에 들어오는 것입니다. 누구나 그런 경험이 있을 것입니다. 낯선 곳, 수많은 사람이 모인 곳에서도 내가 사랑하는 사람은 쉽게 찾을 수 있습니다.

하나님이 우리를 자녀 삼아 주셨다고 하는 말씀은 수많은 사람이 살아가는 세상 가운데에서도 하나님이 우리 삶을 분명하게 보고 계시다는 뜻입니다. 우리 이름이 하나님 손바닥에 새겨져 우리를 잊지 않으신다는 말입니다. 내가 지금 무엇을 가졌고 가지지 못했고의 문제가 아닙니다. 선하신 하나님이 나를 기억하고 계시다는 그 믿음이 우리를 부요하게 하는 것입니다. 내가 지금 어떤 환경이냐에 관한 문제가 아니라 하나님이 나를 이끄셔서 지금 여기에 있게 하신 것, 그것이 우리에게 주시는 부요함인 것입니다. 그것을 깨닫는다면 탐욕은 우리 삶에 문제가 되지 않습니다.

행복합니까? 만약 행복하다면 무엇 때문에 행복합니까? 좋은 직장에 다녀 행복합니까? 높은 연봉을 받아 행복합니까? 결혼을 하고 자녀를 낳아 행복합니까? 물론 우리는 행복해야 합니다. 그러나 무엇인가를 가져서, 이루어서 행복한 것이 아니라 하나님 한분만으로 만족과 부요함이 있어야 합니다.

오늘 당신의 삶에 감사가 있습니까? 어느 집사님이 병원 건물을 지었다기에 심방을 가서 감사 예배를 드렸습니다. 근처 어떤 건물이나 병원에 비교해도 손색이 없었습니다. 그런데 집사님은 기공예배를 드릴 때보다 살이 많이 빠져 있었습니다.

식사를 하는데 그런 이야기를 했습니다. 의사로 가장 힘들었던 때, 전방에서 군의관으로 근무했던 때가 참으로 행복했다고요. 지금은 그때보다 많은 것을 가졌지만 그것이 행복은 아닌 것 같다고요. 저는 새로운 건물에서 축복기도를 하고, 더 깊은 은혜의 바다로 들어가서 축복을 받으라고 권면을 하고 왔습니다.

어떠한 상황에서든지 감사할 수 있는 사람이 된다면, 바로 그것이 '영적 성숙'의 가장 분명한 표징입니다. 탐욕을 버린 자만이 성숙한 신앙을 드러냅니다.

탐욕을 제거한 만큼
하나님의 역사가 일어납니다

래리 크랩은 그의 책에서 이렇게 이야기합니다.

둘째 아들 켄이 여덟 살이었을 때 우리는 센트럴 파크에서 숨바꼭질을 했다. 그 아이가 나무에 기대어 눈을 감고 열까지 세는 동안 나는 다른 나무 뒤에 숨었다. 아이는 계속해서 나의 시야 안에 있었다. 2분가량 지났을까, 아이에게서 신명난 미소가 사라지더니 순식간에 공포에 질린 표정이 나타났다.

'아빠가 어디에 있지?' 아이의 눈빛에서 이런 의문을 읽을 수 있었다. 나는 얼른 나무 뒤에서 나왔다. 그러자 아이는 "아빠!" 하고 소리를 지르며 달려왔다.

"아빠를 못 찾을까 봐 겁이 났어요."

그 순간 아이에게 중요한 것은 아빠가 사 주기로 한 장난감도 그 무엇도 아니었을 것이다. 아이가 원했던 것은 오로지 나와 함께 있는 것뿐이었다.

선교사이자 전도자인 스탠리(E. Stanley)는 이렇게 썼다.

"기도에서 가장 먼저 해야 할 것은 하나님을 얻는 일이다. 당신이 하나님을 얻으면 다른 모든 것은 뒤따라온다."[1]

---
1 래리 크랩, 《래리 크랩의 파파기도》, IVP

제10계명은 단순히 죄냐 아니냐의 차원을 벗어납니다. 십계명을 단순히 금지 명령으로만 생각한다면 오히려 지키지 못했다는 죄책감 때문에 결단코 복된 삶을 살지 못할 것입니다. 율법은 오히려 죄를 더하는 속성이 있습니다.

탐욕을 제거한다는 것은 하나님을 소유할 때 일어나는 일들을 경험하는 것입니다. 그러면 어떻게 하나님을 소유할 수 있나요? 우리가 하나님의 소유가 되면 됩니다. 요한복음 15장의 포도나무 비유에서처럼 우리가 하나님 안에, 하나님이 우리 안에 계심을 체험하는 것입니다.

보통 사람들은 거짓 증거하지 않고 훔치지 않으면 기본은 했다고 생각합니다. 그러나 주님은 탐욕 자체를 문제 삼습니다. 탐욕 때문에 사랑도, 베풂도 하지 못했다면 그것 자체가 잘못이라 말씀하십니다.

즉 십계명은 능동적인 사랑의 계명으로만 완성됩니다. 성령의 인도하심을 따라 살아갈 때만, 마음 속에 주님을 모시고 있을 때만 가능한 것입니다.

마음속에 주님이 계십니까? 성령님의 인도하심을 따라 살아갑니까? 가끔 교인들이 저를 보고 "어쩜 목사님은 아플 때 설교가 은혜로워요" 합니다. 그 얘기가 참 당혹스럽습니다. 생각해 보니 제가 아플 때는 단에 서기 전에 하나님께 너무너무 간절하게 기도합니다. "하나님 저 붙잡아 주세요. 저 힘들어요." 그렇게 하나님을 의지할 때 하나님이 내 안에 더 친밀하게 느껴지고 그 은혜를 교인 모두가 경험하는 것입니다.

이렇게 기도합시다. "하나님, 내 안에 하나님이 계셔서 나를 인도하여 주실 때 나의 영혼이 만족합니다. 그 만족함으로 탐욕을 이기는 사람이 되게 하여 주옵소서." 그럴 때 하나님이 우리를 사용하고 계시다는 것을 확신할 수 있습니다. 하나님이 우리를 사용하시는 데 조건을 필요로 하시는 분이 아니라는 것을 깨닫게 됩니다(딤후 2:20-22). 왜냐하면 하나님이 우리를 지으시고 자녀 삼으셨기 때문입니다.

결국 내가 하나님 앞에 쓰임을 받는 것은 내 속에 탐욕을 제거한 만큼, 내 속에서 하나님의 역사가 일어나는 만큼이라는 것이지요.

시인 라이너 마리아 릴케(Rainer Maria Rilke)의 기도가 담긴 시가 있습니다.

"내 눈을 감겨 주십시오.
그래야 당신을 볼 수 있습니다.
내 귀를 막아 주십시오.
그래야 당신의 음성을 들을 수 있습니다."

내 눈에 세상이 보이지 않고, 내 귀에 세상 소리가 들리지 않고 오직 하나님만 보고 그분의 음성만 듣기 시작할 때 나를 부르시고 인도하시는 하나님이 내 안에 고백되기 시작합니다. 나에게 최고의 하나님, 공평하신 하나님이 느껴질 때 어떻게 탐욕이 설 자리가 있겠습니까? 이것이 성령 안에서 탐욕을 정복한 사람들의 삶입니다. 이것이 가장 큰 축복의 삶입니다.

또한 제10계명은 남의 것을 소중히 여기라는 의미이기도 합니다. 왜 다른 사람의 것을 소중하게 여겨야 할까요? 하나님이 그 사람들에게 주신 것이기 때문입니다. 반대로 내 소유는 하나님이 내게 주신 것입니다. 내게 있는 모든 것의 진짜 주인은 하나님이십니다. 마찬가지로 다른 사람에게 있는 것의 진짜 주인도 하나님이십니다. 다른 사람에게 있는 것은 하나님이 그들에게 맡긴 것입니다. 그러므로 내가 남의 것을 탐내면 하나님의 주권을 범하는 것입니다. 탐심이 이렇게 큰 죄가 될 수 있습니다.

내 모든 소유의 진짜 주인이 하나님이라는 사실을 인정하기 위해 권하고 싶은 것이 있습니다.

첫째, 십일조 생활을 하십시오. 온전한 십일조 생활은 우리의 탐심을 물리치는 아주 중요한 신앙의 고백이요 힘이기 때문입니다. 하나님의 것을 인정하는 것은 우리의 삶을 아주 부요하게 만들어 줍니다.

둘째, 베푸는 삶을 사십시오. 억지로라도 자꾸 베풀고 나누는 삶을 살 때 부요함과 만족감이 찾아올 것입니다.

셋째, 사랑하며 사십시오. 내가 정말로 하나님을 사랑하고 이웃을 사랑한다면 어찌 탐심을 부릴 수가 있습니까? 사랑하면서 살 때 탐심을 물리칠 수 있습니다.

여호와는 나의 목자시니 내게 부족함이 없으리로다 시 23:1

2

진실이 이웃 사랑보다
먼저입니까?

요즘 '팩트체크'라는 말을 많이 씁니다. 가짜 뉴스다 뭐다 거짓 정보가 많아지다 보니 그만큼 진실을 중요하게 생각하는 현대인들이 많아졌다는 이야기일 것입니다. 그러다 보니 저도 설교를 하다가 보면 신경이 쓰입니다. 혹시 잘못된 내용을 이야기하면 교인들이 그 자리에서 바로 핸드폰을 꺼내 검색해서 예배가 끝나자마자 저에게 전달이 됩니다. 저의 실수를 바로잡을 수 있는 기회가 되고, 또 설교를 허투루 준비하지 않도록 정신 바짝 들

> 네 이웃에 대하여 거짓 증거하지 말라
> 출 20:16

게 해 주니 감사한 일입니다.

그러고 보면 우리는 늘 진실을 원합니다. 그런데 항상 진실하기란 쉽지 않습니다. 지금 나는 모든 것이 진실합니까? 내가 어제 친구와 나눈 이야기 속에, 오늘 아침에 동료와 나눈 이야기 속에 거짓은 없었습니까?

지방에서 서울로 올라와 대학을 다니던 아들이 아버지에게 이런 편지를 썼다고 합니다.

"아버지, 그동안 무고하신지요? 집안도 평안하지요? 자꾸 돈을 부쳐 달라고 편지를 써서 죄송합니다. 또 100만원을 부탁하는 제 마음은 참으로 부끄럽고 아프기까지 합니다. 고향을 향해 무릎 꿇어 용서를 빕니다.

추신_ 사실, 너무 마음에 걸려 우체부를 쫓아갔지요. 편지를 빼앗아 태우고 싶은 심정이었어요. 정말 다시 회수하기를 두 손 모아 간절히 기도했지요. 그러나 너무 늦어 우체부를 놓쳐 버렸습니다. 제 불찰을 용서하십시오."

며칠 후 아버지로부터 답장이 왔습니다.

"아들아! 너의 간절한 기도를 하나님이 들어주셨나 보다. 네 편지를 못 받았다. 그러니 잘 지내라."

이 편지에서 이상한 것을 발견했습니까? 우리는 정말 거짓말이 하나도 이상하지 않은 세상에서 살고 있지 않습니까?
  우리는 여러 가지 이유로 거짓말을 합니다. 첫째, 이웃을 해하려는 의도로 자행되는 나쁜 거짓말이 있습니다. 둘째, 농담으로 하는 거짓말도 있습니다. 셋째, 예의로 하는 거짓말이 있을 수 있고, 넷째, 불가피한 거짓말도 있을 수 있습니다.

우리는 알게 모르게 수많은 거짓말을 하며 살아갑니다. '호모 팔락스'(Homo Fallax)라는 말이 있습니다. 우리가 흔히 인간에 대한 정의를 내리는 몇 가지 단어가 있는데, 그중 '속이는 인간'이라는 말로 설명한 것입니다.[2]

2002년 미국 매사추세츠대학교 심리학자 로버트 펠드먼(Robert Feldman) 교수는 거짓말과 관련된 실험을 했습니다. 사람들을 2명씩 3개 조로 나눠 상대방에게 10분씩 자기소개를 하게 한 것입니다. 다만 조건이 있었습니다. 1조는 자신을 소개할 때 가급적 호감을 가질 수 있도록 소개하라고 했고, 2조는 자신의 능력을 최대한 보여 주라고 했으며, 3조에는 아무것도 요구하지 않았습니다.

녹화 후 실험 상황을 분석해 보니, 상대방에게 호감을 가지도록 요구한 조에서는 평균 2개의 거짓말을, 자신의 능력을 보이라고 한 조에서는 평균 2.3개의 거짓말을 한 반면, 아무런 지시도 받지 않은 참가자는 0.88개의 거짓말을 했습니다. 놀라운 일은 참가자들이 스스로 거짓말 했다는 것을 전혀 인식하지 못했다는 점입니다.[3]

감바 와타루는 거짓말을 비난하기보다는 인간관계를 유지하는 소통 방법의 하나로 우리에게 유용한 기술이라고 주장을 하

---

2 김지찬, 《데칼로그》, 생명의말씀사

3 김지찬, 앞의 책, 329-330p, 재인용

기도 합니다.[4] 그렇다면 십계명의 제9계명을 현대에 살고 있는 우리는 어떻게 이해하고 받아들이면 될까요?

로버트 펠드먼 교수는 초등학교에서 인기 있는 학생 대부분이 엄청난 거짓말쟁이라고 말합니다. 언젠가 한 방송에서 국회의원 출신 정치인이 말하기를 국회의원들이 하는 거짓말 중 1위는 다른 국회의원에게 '존경하는 ○○○ 의원님'이라고 하는 것이라고 합니다.

2차 세계대전을 승리로 장식한 윈스턴 처칠(Winston Churchill)은 정치인의 자질에 대해 이렇게 얘기를 했습니다. "정치인은 내일을 예측하는 능력이 있어야 한다. 내일, 그 다음 내일인 10년 후를 예측할 수 있어야 한다." 그러고는 이렇게 말을 이었습니다. "만약 10년 후에 예측이 빗나갔다면 그 이유를 설명할 수 있는 능력까지 가져야 정치인의 자질이 있는 것이다."

'설득력 있는 거짓말'이라고 해야 할까요? 자신이 한 말을 진실이라고 설득할 수 있다면 거짓말도 괜찮다는 말일까요? 과연 제9계명을 우리에게 주신 하나님의 마음은 무엇일까요?

말 몇 마디가
이웃의 생명을 좌지우지합니다

제9계명의 본래 의도와 정신은 재판 과정에서 위증을 피하

---

4 감바 와타루, 《사람은 8분마다 거짓말을 한다》, 예솜미디어

기 위한 것입니다. 구약 시대에는 범죄 사건이 벌어졌을 때 과학적으로 조사한다는 것이 없었습니다. 지금처럼 DNA검사를 할 수 있는 것도 아니고, CCTV가 있는 것도 아니었습니다. 당시 재판은 증언에 의존했습니다. 유일한 증거가 누군가의 증언이었기 때문에 말에 따라 사람이 죽기도 하고 살기도 했습니다.

열왕기상 21장에는 위증 때문에 발생한 비극적인 사건이 기록되어 있습니다. 바로 북이스라엘의 왕 아합이 나봇의 포도원을 탐내서 벌어진 일입니다.

사건의 무대는 가나안에서 가장 비옥한 땅인 이스르엘 성읍이었습니다. 경치가 빼어나고 기후가 좋은 이곳에 북 왕국의 왕들은 별장을 짓고는 소일을 하고 지냈는데, 바로 인접한 곳에 조상 대대로 농사를 지으며 살고 있었던 나봇이라는 농부가 있었습니다.

당시 왕이었던 아합은 별장 궁전의 정원을 확장하기 위해 나봇의 포도원을 탐냈습니다. 그래서 다음과 같은 제안을 합니다.

> 왕이 그에게 이르되 내가 이스르엘 사람 나봇에게 말하여 이르기를 네 포도원을 내게 주되 돈으로 바꾸거나 만일 네가 좋아하면 내가 그 대신에 포도원을 네게 주리라 한즉 그가 대답하기를 내가 내 포도원을 네게 주지 아니하겠노라 하기 때문이로
> 다 왕상 21:6

그러나 나봇은 왕의 제안을 받아들이지 않습니다. 나봇에게 있어 그 땅은 조상에게서 유산으로 받은 것이요, 삶의 터전이었기 때문입니다.

그때 이방 여인으로 왕비가 되었던 이세벨이 계략을 세웁니다. 그녀는 한통의 밀서를 이스르엘 성읍의 지도자들에게 보냈습니다. 그 내용은 '두 명의 거짓 증인'을 매수하여(당시 모든 재판에는 위증을 피하기 위해 2인 이상의 증인이 요구되었습니다) 나봇이 하나님과 왕을 저주하였다고 고발하게 한 것입니다. 그리고 그 고발을 근거로 나봇을 돌로 쳐서 죽이라고 했습니다.

당시 구약의 율법에는 왕을 저주하거나 하나님을 저주하는 사람은 돌로 쳐서 죽이라는 내용이 있었고(레 24:15-16), 이런 이유 때문에 범죄자가 처형되었을 경우에는 그의 모든 재산을 왕실에 귀속할 수 있었습니다. 즉 이세벨의 계략은 합법성을 가장한 것이었습니다.

이 천인공노할 사건에 결정적인 역할을 한 것이 무엇입니까? 바로 '두 명의 증인'입니다. 제9계명의 거짓 증거하지 말라는 말은 우리의 거짓말, 그저 말 몇 마디 하는 것으로 한 생명을 좌지우지할 수 있다는 의미입니다.

그래서 하나님은 이 거짓 증언을 방지하기 위하여 무서운 법을 만들어 두셨습니다.

> 6 죽일 자를 두 사람이나 세 사람의 증언으로 죽일 것이요 한 사람의 증언으로는 죽이지 말 것이며 7 이런 자를 죽이기 위하여는 증인이 먼저 그에게 손을 댄 후에 뭇 백성이 손을 댈지니라 너는 이와 같이 하여 너희 중에서 악을 제할지니라 신 17:6-7

사형 판결이 이루어지면 그 판결에 결정적인 영향을 미친 증인이 앞장서서 형을 집행하게 되어 있습니다. 자신의 말에 직접 책임을 지도록 하기 위함입니다.

만약 위증이 판명될 경우에는 위증한 사람이 형을 받게 되어 있습니다. 따라서 사형에 해당하는 위증을 한다면 그 사람이 사형을 당하게 되어 있는 것입니다.

> 18 재판장은 자세히 조사하여 그 증인이 거짓 증거하여 그 형제를 거짓으로 모함한 것이 판명되면 19 그가 그의 형제에게 행하려고 꾀한 그대로 그에게 행하여 너희 중에서 악을 제하라 신 19:18-19

거짓말 때문에 억울하게 죽는 사람들에 대하여 제9계명이 굉장히 중요하게 적용되었다는 것을 알 수 있습니다.

또한 사실을 알면서도 고의로 말하지 않는 행위 역시 죄로 간주되었습니다(레 5:1).

결국 하나님이 제9계명을 만들어 주신 가장 기본적인 정신은 이웃의 생명을 보호하기 위함입니다. 말의 실수, 진실의 은폐로 누군가가 피해를 보는 것을 용납하지 않으신다는 말씀입니다.

그럼에도 불구하고 거짓된 증거들로 인하여 얼마나 많은 무고한 사람들이 죽어 가고 있으며, 거짓된 혀로 인하여 얼마나 많은 사람이 괴로움을 당하고 있는 지 알 수 없습니다.

교회 안에서도 마찬가지입니다. 목사로서 정말 가슴 아픈 일은 몇 사람들의 말이나 잘못된 소문들 때문에 누군가가 상처를 받고 아파할 때입니다. '누가 이런 이야기를 했대' 하며 숙덕거리는 일들이 참 많지 않습니까? 그런 이야기를 들으면 '그럼 그 사람과 같이 대면해서 이야기하고 뭐가 진실인지 밝혀 봐!' 하고 말해 주고 싶습니다.

우리의 무책임한 말 몇 마디로 누군가는 고통받을 수 있다는 사실이 얼마나 무섭습니까? 상처 받고 교회만 떠난다고 하면, 다른 교회에 가서 정착 잘하고 믿음생활 잘한다고 하면 괜찮습니다. 문제는 그렇게 상처를 받고 떠나서 믿음을 버리고 심지어 생명을 버릴 수도 있다는 것입니다. 우리가 무심코, 심심풀이로 나눈 몇 마디 대화가 이웃의 생명을 잃게 할 수 있습니다.

무엇보다 중요한 것은 고의로 잘못된 말을 퍼뜨려 상처를 주는 일이 있어서는 안 될 것입니다.

1 너는 거짓된 풍설을 퍼뜨리지 말며 악인과 연합하여 위증하는 증인이 되지 말며 2 다수를 따라 악을 행하지 말며 송사에 다수를 따라 부당한 증언을 하지 말며 3 가난한 자의 송사라고 해서 편벽되이 두둔하지 말지니라 출 23:1-3

저는 이 거짓말 때문에 마음이 많이 상했던 사람입니다. 사람들은 어떻게 그렇게 무책임한 말들을 하는지, 참 신기합니다. 제가 만나교회 담임목사가 되고서 한 6-7년 동안 매년 누군가가 저에 대한 유언비어를 담은 편지를 써서 돌렸습니다. 그 편지 내용을 교인들에게 직접 읽어 주기도 했었습니다. 내가 뭔가를 잘못해서 지적을 당하는 것이라면 반성하고 고치면 됩니다. 그런데 사실이 아닌 이야기들을 사실인양 소문을 낼 때는 그 말들이 얼마나 힘들게 하는지 모릅니다.

거짓증언 하지 말라는 것은 우리 목숨에 대한 이야기임과 동시에 우리의 영을 죽이지 않도록 서로 주의하라는 명령이 아닐까요?

무조건 솔직하다고 좋은 것은 아닙니다

그런데 과연 솔직한 것이 모두 좋은 것일까요? 우리가 거짓말을 하지 않고 살아가는 것이 가능합니까? 과연 성경은 모든 거짓말을 금하고 있을까요? 제9계명을 두고 갑론을박이 생기는 것 중 하나가 바로 이러한 질문들입니다.

사실 요즘 같은 시대에 자신의 생각과 감정, 느낌에 대해 매사에 솔직하게만 말한다면 제대로 사회생활을 할 수 없을 것입니다. 그렇다면 어쩔 수 없이 거짓말을 하거나 사실을 숨겨야 할 경우 어떻게 해야 할까요? 이제 우리가 직면할 수 있는 몇 가지 모호한 상황들을 생각해 보겠습니다.

첫째, 성경에서는 어떠한 경우에도 거짓말을 해서는 안 된다고 할까요? 그렇지 않습니다. 때로 성경에서 용인되는 거짓말들이 있습니다.

사무엘상 20장에는 다윗에게 병적인 질투심과 편집증을 가지고 있던 사울이 그의 아들 요나단에게 다윗의 행방을 묻는 장면이 기록되고 있습니다. 요나단은 아버지에게 이미 악한 영이 들었다는 것을 알았습니다. 때문에 사실을 말하는 것은 너무나 위험한 일이었습니다. 요나단은 사랑하는 친구의 생명을 앗아갈 수 있는 일이었기에 아버지 사울에게 거짓을 고합니다. 그로 인하여 다윗이 생명을 건지게 됩니다.

사무엘상 16장에는 하나님이 사무엘에게 사울을 대신할 왕을 찾으러 가라고 명령하십니다. 사무엘이 "내가 어찌 갈 수 있으리니까 사울이 들으면 나를 죽이리이다" 하며 두려워하자 하나님은 "내가 여호와께 제사를 드리러 왔다"고 하라며 거짓말을 허락하십니다(2절).

출애굽기 1장에는 애굽 왕이 히브리 민족을 두려워하며 그 자손의 아들들을 모두 죽이라 명하는 내용이 나옵니다. 그때 산파들은 왕의 명령을 어기고 아기들을 살리는데, 그때 그들은 왕의 추궁에 "히브리 여인은 애굽 여인과 같지 아니하고 건장하여 산파가 그들에게 이르기 전에 해산하였더이다"(19절) 하고 거짓말을 합니다. 그러나 하나님은 이 산파들에게 은혜를 베푸셨다고 나와 있습니다. 그리고 하나님은 그 가운데서 모세를 건지셔서 위대한 이스라엘의 지도자로 세우십니다.

이처럼 성경에는 이웃을 해하지 않기 위해 하는 거짓말이 허용되고 있습니다. 결국 정직에는 '사랑'이 전제되어야 하고, 사람을 살리는 거짓이 필요할 때도 있다는 말씀입니다.

신앙인들 중에는 굉장히 고지식한 사람들이 있습니다. '하나님이 거짓말하지 말랬잖아!' 하며 진실과 사랑 사이에서 고민합니다. 그럼 만약 전쟁이 일어났는데 적군이 쳐들어와 "네 아들 어디에 숨겼어?" 하는데 '아, 성경에서 거짓말하지 말라고 했지' 하며 순순히 진실을 말하겠습니까? 살다 보면 어쩔 수 없는 상황이 생깁니다. 진실보다 사랑이 우선되어야 하는 상황들이 있습니다. 내가 사랑하는 사람, 이웃을 보호해야 하는 일들 앞에서 이런 거 가지고 고민하지 말라는 것입니다.

둘째, 성경에는 모든 진실이 드러나야 한다고 이야기할까요?

이것 역시 그렇지 않습니다. 우리에게 진실을 말해야 할 의무는 있지만, 생각을 모두 드러내는 것이 반드시 옳은 것은 아닙니다. 사람들이 만일 자신이 보는 대로, 생각한 대로 진실만을 말한다면 사회 생활이 아마도 불가능할 것입니다.

게다가 우리가 사물을 보는 시각이 반드시 진실인 것은 아닙니다. 우리는 흔히 주관적 견해를 진실이라 착각합니다. 그래서 자신의 감정에 충실한 것을 정직이라고 생각합니다. 예를 들어 보겠습니다.

유대교 전승에 의하면 랍비들이 고민하는 것이 있습니다. '결혼하는 신부에게 있는 모습 그대로를 사실대로 말해야 하는가, 아니면 무조건 가장 아름답고 우아하다고 묘사해야 하는가?' 입니다.

이 질문에 어떻게 답하겠습니까? 이런 상황에서 '사실 네가 가장 아름다운 것은 아니야' 하고 사실을 이야기 한다는 것이 얼마나 무모한 짓임을 누구나 알지 않을까요? 결혼을 하는 신부는 신부이기에 가장 아름답습니다. 신랑에게는 더할 나위 없이 아름다운 사람입니다.

흔히 솔직해야 한다는 이유로 타인의 감정을 상하게 하는 사람들이 있습니다. 예를 들어 물건을 사러 갔는데 친구가 마음에 들어 하는 것을 두고 디자인이 엉성하다는 둥 센스가 없다는 둥 이야기하는 것은 좋지 못합니다. 그것은 내 주관적인 관점일 뿐

이기 때문입니다. 자신의 감정을 사실인양 이야기함으로 상대방의 감정을 상하게 할뿐입니다. 이럴 때는 무조건적인 솔직함보다는 상대방을 배려하는 것이 훨씬 더 아름답고 신앙적일 수 있습니다.

어떤 부모는 아직 모든 것이 서툰 자녀에게 "잘했네", "잘하고 있어", "참 멋지다!" 하는 말에 인색합니다. 잘하지 못했으니 잘했다는 말이 입 밖으로 나오지 않는다는 것입니다. 그러나 이것은 거짓말이냐 아니냐의 문제가 아닙니다. 누군가를 격려하고 세워 주는 말들, 이웃에게 덕이 되는 말들은 그것이 무엇이든 거짓말이 될 수 없습니다.

게다가 내가 지금 보고 있는 그 사실이 모두 진실이라는 보장이 있습니까?

얼마 전 제주에서 집회를 마치고 올라올 때였습니다. 비행기에서 옆 사람이 저에게 함께 사진을 찍어도 되느냐고 물었습니다. 그러면서 "제가 목사님을 아주 잘 압니다!" 하더군요. 저에게 감동을 받았다고 했습니다. 하나는 큰 교회를 목회하는 목사님이 더 비싸고 편한 좌석이 아니라 자신들과 같은 자리에 앉았다는 것, 그리고 비행하는 내내 설교 원고를 직접 쓰는 것에 놀랐고 감동을 받았다는 것입니다.

그런데 사실 저는 그 당시에는 이코노미 좌석에 앉아 있었지만 때때로 마일리지로 좌석 업그레이드를 하기도 합니다. 그리고 교회가 크건 작건 대부분 목사들은 본인 설교 준비를 부목사에게 시키지 않습니다. 제가 특별히 감동받을 만한 일을 한 것이 아니라는 거죠. 그런데 성도들 사이에서는 큰 교회 목사들은 설교 준비를 직접 하지 않고 부목사를 시킨다는 잘못된 인식이 있는가 봅니다.

우리가 보고 판단하는 정보가 때로는 진실이 아닐 수 있습니다. 따라서 무엇이 진실이고 거짓인지 판단할 때는 주의가 필요합니다. 그리고 누군가에게 도움이 되지도 않을 말을, 사실이 아닌 내 주관적인 판단을 '진실'이라는 말로 덧입혀 쉽게 전달하지 말아야 합니다.

셋째, 나약함으로 같은 죄를 반복하는 것은 무조건 거짓이고 위선일까요? 신약성경에서 예수님은 바리새인들을 향하여 '위선자', '독사의 자식들', 심지어는 '회칠한 무덤'과 같다고 질책하셨습니다. 겉으로는 선량한 척, 종교적인 척하지만 내면으로는 사악한 사람들을 향하여 하신 말씀입니다. 이런 경우에 위선은 거짓에 해당합니다.

하지만 완벽한 척하지 않고 부족함을 시인하면서 완전하게 살려고 노력하는 것은 위선이 아닙니다. 많은 교인들이 이 부분에서 죄의식을 느끼고 살아갑니다. 다음부터는 절대 이러지 말자면서 계속해서 같은 죄의 유혹에 빠지는 것이죠. 그러나 그 가운데 완전을 향해 나아가려는 노력은 아주 바람직합니다.

사랑이 없는 정의는
칼과 같습니다

사실 우리 인간은 거짓말하지 않고 살 수 있는 능력이 없습니다. 또 때로는 거짓말을 하는 편이 서로에게 더 좋을 때도 있습니다. 즉 제9계명 역시 거짓말을 금지하는 것에 목적이 있는 것이 아닙니다.

제9계명에는 중요한 전제조건이 등장합니다. 바로 '네 이웃에 대하여'입니다. 즉 계명을 지켰느냐 어겼느냐의 포인트는 얼마나 이웃을 사랑하고 배려했느냐에 있는 것입니다. 정의와 정직이라는 것이 중요하지만, '사랑'과 '은혜'가 없는 정의는 위험한 칼과 같습니다.

저는 20대 후반 군목으로 근무를 했습니다. 젊은 목사였고 계급은 중위밖에 되지 않았지만 매주 두 시간 정도 지휘관과 독대하는 시간을 가졌습니다. 부대에서 일어나는 여러 일들에 대해 보고도 하고 건의도 하는 시간이었습니다.

그런데 바로 그 시간 때문에 부대의 주임상사 두 명이 보직해임을 당해야 했습니다. 당시 저는 정의와 정직에 가장 중요한 가치를 두며 살아가고 있었는데, 어느 날 주임상사가 병사들이 먹을 식료품을 개인적으로 가져간다는 사실을 알게 된 것입니다. 저는 참을 수가 없었습니다. 부정을 어떻게든 바로잡는 것이 정의라고 생각했습니다. 그래서 그 사실을 지휘관에게 보고했고,

그 사람은 보직 해임을 당한 것입니다.

한번은 이런 일도 있었습니다. 전방에서 2년간 근무하다가 대전의 통합병원으로 옮기게 되었는데, 어느 날 병원에 입원하고 있는 한 군인의 부모님이 제게 먹을 것과 선물을 한 아름 싸들고 오셨습니다. 그리고 아들이 그냥 병원에서 지내다가 군 생활을 마칠 수 있도록 군의관에게 잘 이야기해 달라고 부탁하는 것이었습니다. 제가 큰 권력이 있는 사람은 아니었지만 군의관에게 잘 이야기하면 불가능한 일도 아니었습니다.

그런데 저는 그 말을 들으면서 속으로 화가 났습니다. '지금 고생하는 군인들이 얼마나 많은데, 부모가 되어서 아들을 그렇게 나약하게 키우다니!' 그래서 저는 그날 오후 군의관을 찾아가 이 군인은 꼭 자대에 돌아가서 군 생활을 해야 하니 하루라도 빨리 퇴원시켜 달라고 반대로 부탁을 한 적이 있습니다.

저는 의기양양했습니다. 불의를 보고 정의롭게 행동했다고, 뇌물에 넘어가지 않았다고 스스로를 칭찬했습니다. 그런데 시간이 지나면 지날수록, 목회를 하며 더 깊이 하나님을 묵상할수록 그 일에 대한 후회감이 앞섭니다. 저는 당시 그 군인의 부모의 마음을 전혀 헤아리지 못했습니다. 군 식량을 개인적으로 가져갔던 주임상사에게 어떤 사연이 있었던 걸까 생각하려 해보지도 않았습니다.

얼마나 메마른 목회자였던 걸까요. 사랑이 없는 정의감과 정직함이 다 무슨 소용입니까? 정의감은 있었지만 그 사람에 대한 뜨거운 사랑이 없었던 것을 스스로가 깨닫게 되었습니다. 사실 저는 진실을 이야기한다면서 사람을 죽이는 일을 했습니다. 거짓이 사람을 죽이듯이, 정직이라는 말로 동일하게 사람을 죽이고 있었습니다.

누군가는 이게 무슨 말인가 받아들이지 못할 수도 있습니다. '정의롭고 정직한 것이 옳은 것 아닙니까?' 하고 이야기할 수 있습니다. 물론 정의와 정직은 굉장히 중요하고 귀한 일입니다. 하지만 거기에 은혜와 사랑과 이웃 돌봄의 마음이 없다면 정의와 정직이 정말 무서운 칼날이 될 수 있습니다.

하나님은 우리가 정직하고 신실하면서도 이웃을 돌아보는 마음의 여유를 갖기 원하신다는 사실입니다. 시편 15편 2-3절에서의 말씀처럼 "그의 마음에 진실을 말하며 그의 혀로 남을 허물하지 아니하"는 자의 예배를 받으시는 분이십니다.

그러므로 우리에게 필요한 신앙의 근본적인 자세는 '사랑이 근원이 되는 사람'이 되는 것입니다.

정직에는 보상이 아니라 축복이 따릅니다

우리가 흔히 하는 착각이 있습니다. 내가 손해를 보고 정직했으니 어떤 보상이 따라야 한다고 생각하는 것입니다.

한 고등학생이 시험을 봤는데 성적표 점수가 실제 자신이 시험을 본 점수보다 많이 나와 선생님에게 솔직하게 이야기했다고 합니다. 선생님은 점수를 조정하여 다시 점수를 매기면서 정직한 학생을 칭찬했습니다. 그러자 학생은 이렇게 반문했다고 합니다. "선생님! 정직하게 말씀드렸는데 점수를 그대로 주실 겁니까?"

아마도 이 학생은 정직함의 대가로 높은 점수를 그대로 유지할 수 있으리라고 생각한 것 같습니다. 이런 정직이라면 누가 못 하겠습니까?

정직의 대가가 무엇입니까? 정직한 삶을 산 자의 축복이 무엇입니까? 정직은 우리가 하나님 앞에서 필요한 말을 했다는 것만으로 족한 것입니다. 그 삶 자체가 의미 있고 행복한 것입니다. 그런데 정직에 보상을 바랄 때 우리는 상처를 받곤 합니다.

그러나 정직한 삶을 살면 분명히 손해를 보는 일들이 생깁니다. 오히려 대가를 치러야 하는 경우도 있습니다.

과거 미 해군 역사상 가장 불명예스러운 사건에 연루된 생도들이 퇴교 조치를 당하는 일이 있었습니다. 이들 중 대부분은 부모가 시켜서 벌어진 일이라고 보도가 나갔습니다. 그런데 유독 한 생도는 거짓을 거부하고 퇴교 조치를 당했습니다.

그는 자격심사위원회에서 이렇게 말했습니다. "어떤 처벌을 받게 되더라도 이곳에 와서 제 양심을 지켰다는 사실만으로도 전 마음이 훨씬 홀가분합니다. 그뿐입니다."

그는 분명히 해군 장교로서의 미래를 잃어버려야 하는 대가를 지불했습니다. 하지만 자신의 영혼을 되찾을 수 있었기에 남은 인생에 대한 값진 투자를 한 것입니다.

하나님의 사람으로 살아가는 데 정직 그 자체가 축복임을 믿습니까? 정직함과 진실함 때문에 영생을 얻는 것, 그것이 축복임을 인정합니까? 그것을 믿지 못한다면 우리는 이웃을 위해 정직할 수 없습니다. 그러나 우리가 아무리 이 세상에서 많은 것을 얻어도 영생을 얻지 못한다면 무슨 소용이 있겠습니까?

다니엘의 세 친구는 이방의 왕 앞에서 하나님 앞에 마땅히 행할 것을 행했습니다. 풀무불 속에 던져져 죽임을 당한다고 할지라도 결코 이방신에게 절하지 않은 것입니다. 그들이 이방의 왕 앞에서 당당히 외친 "그렇게 하지 아니하실지라도"(단 3:18)는 정말 위대한 신앙고백입니다. "하나님이 우리를 구하지 아니하실지라도, 내가 비록 죽는다 할지라도 세상과 타협하지 않겠습니다!" 하는 당당함입니다.

우리는 늘 보상을 바라다가 치사하게 인생을 사는 사람들을 봅니다. 그러나 하나님 앞에서 인정을 받고 자신에게도 떳떳한 삶이 진정 의미 있는 축복의 삶 아니겠습니까? 의미 있는 삶을 사는 것보다 더 큰 축복이 어디 있겠습니까?

정직을 말해야 하는 증인은 곧 '복음의 증인'입니다

어느 교회에 장로님 세 분이 모여서 열심히 기도를 하다가 성령으로 충만해져 서로의 잘못을 내어놓고 회개하며 기도했다고 합니다. 한 장로님이 먼저 이렇게 고백했습니다. "사실 나는 오래 전부터 몰래 숨어서 담배를 폈습니다. 나의 무거운 짐을 십자가 아래 내려놓습니다." 나머지 두 장로님은 열심히 기도해 주었습니다. 다음 장로님이 결심을 한 듯 자신의 무거운 짐을 내려놓았습니다. "사실은 저에게 숨겨 놓은 여자가 있습니다." 그러자 다른 두 분의 장로님은 눈물을 흘리면서 기도해 주었습니다. 이제 마지막 장로님이 기도제목을 내려놓을 차례가 되었습니다. 이 장로님이 한참을 뜸을 들이더니 이야기를 하더랍니다. "사실 저는 누군가의 비밀을 들으면 참지 못하고 동네방네 다니면서 떠벌리고 다니는 단점이 있습니다."

이것이 인간의 본성입니다. 도대체 인간의 본성이란 무엇을 하지 말라고 한다고 지켜지지가 않는다는 것을 우리가 얼마나 많이 경험해 왔습니까?

> 율법이 들어온 것은 범죄를 더하게 하려 함이라 그러나 죄가 더한 곳에 은혜가 더욱 넘쳤나니 **롬 5:20**

여전히 우리는 말로 사람들을 해하고, 말로 영혼에 상처를 주는 그런 본성을 가지고 있습니다. 그러므로 제9계명을 지킨다는 것이 '거짓 증거를 하지 않는다'라는 차원에서 머무른다면 신앙생활이 얼마나 힘이 들겠습니까? 또 하나의 죄책감을 쌓아가고 있는 것이 아니겠습니까?

이제 우리에게 필요한 것은 율법적인 삶이 아니라 은혜의 삶을 사는 것입니다. '무엇을 하지 않는다'의 삶이 아니라, 구원받은 백성, 은혜를 아는 백성으로서 우리가 해야 할 일이 무엇인지를 알고 사는 것입니다.

구약에서 '증인'은 다른 사람의 죄를 드러내기 위한 것이었습니다. 그래서 제9계명은 위증의 피해를 막기 위한 계명이라고 이야기했습니다. 그러나 이 증인의 개념이 신약으로 넘어가면서 조금 달라집니다. 예수님의 십자가 사건, 이 복음의 사건을 증거하는 '증인'인 것입니다. 즉 은혜 받은 자의 삶은 거짓을 증거하지 않는 삶에서 한 단계 뛰어넘어 복음을 증거 하기 위한 삶이여야 합니다.

예수님은 마지막 승천하시면서 제자들에게 "땅 끝까지 이르러 내 증인이 되리라"(행 1:8)라고 하셨습니다. 또한 가룟 유다의 배신 이후에 예수님의 제자를 보충할 때의 유일한 기준은 "예수께서 부활하심을 증언할 사람"(행 1:22)이었습니다. 베드로가 성령을 받고 난 후 행한 설교의 초점은 자신이 예수 부활의 증인이라는 것이었습니다(행 5:32; 10:41).

여기에서 '증인'은 희랍어 'martus'인데, 순교자를 뜻하는 영단어 'martyr'의 어원이기도 합니다. 즉 예수님의 증인이 된다는 것은 순교자가 된다는 것이요, 예수님의 부활을 증거 하는 것이야말로 성령으로 거듭난 크리스쳔의 정직입니다.

교회는 바로 순교자들의 피 위에, 그들의 증언 위에 세워졌습니다. 그들의 증거는 하나님의 사랑에 대한 것이요, 그들에게는 그 사랑을 전하지 않고는 견딜 수 없는 마음이 있었습니다. 그것이 바로 하나님의 은혜로 인한 것이었습니다. '순교자의 삶을 사는 사람들' '증거자의 삶을 사는 자', 그것이 축복이요 능력입니다. 참된 증거에는 능력이 있습니다.

십계명은 우리에게 끊임없이 이야기합니다. '무엇을 하지 말라'가 아니라 '무엇을 하며 살겠다'는 믿음의 고백이 있었으면 좋겠다고 말입니다. 그리 아니하실지라도, 우리에게 보상이 없다 할지라도, 증인된 삶을 통해 순교자가 된다 할지라도 우리를 부르신 그 부르심에 우리가 '네! 제가 그렇게 살아가겠습니다!' 하고 고백하면 좋겠다고 말입니다.

단순히 거짓말을 하지 않는 것에서 멈추지 않고, 우리 안에 뜨거운 은혜를, 하나님의 사랑을 증거 하지 않고는 견딜 수 없는 사람이 되기를 바랍니다. 우리의 정직과 진실함 위에 하나님의 교회가 서고, 하나님의 나라가 서는 축복이 임하기를 바랍니다.

그렇게 순교적인 삶, 증인된 삶을 살아가면서 이 나라와 이 민족을 변화시킬 수 있는 한 사람이 되기를 바랍니다.

오직 성령이 너희에게 임하시면 너희가 권능을 받고 예루살렘과 온 유대와 사마리아와 땅 끝까지 이르러 내 증인이 되리라 하시니라 행 1:8

3

다들 그렇게 산다고
죄가 아닙니까?

　김지찬 교수는 그의 책에서 현대인들이 제8계명을 하찮게 여기는 이유를 두 가지로 설명합니다. 하나는 이 계명이 '나'와는 별로 상관이 없다고 생각하든지, 다른 하나는 세상이 온통 도둑으로 가득 차 있기 때문이라고 합니다.[5] 아주 흥미로운 이야기입니다.

　우리는 거짓과 탐욕으로 가득한 세상에서 살아가고 있습니

5　김지찬, 《데칼로그》, 생명의말씀사

도둑질하지 말라
출 20:15

다. 물건을 파는 사람도 사는 사람도 서로를 앞다퉈 속이면서 이득을 취하기에 급급합니다. 고용주는 노동자의 노동력을 착취하고, 직장인은 거짓 성과를 내고, 탈세하고, 값을 속이고, 나이도 속이고, 성별도 속입니다. 그러면서 말합니다. "다들 그러고 삽니다. 그렇게 하지 않으면 바보죠."

우리는 교묘하게 도둑질을 할 수 있다는 것에 너무도 무감각합니다. 내 도둑질은 다른 사람들에 비하면 별 것 아니라고 생각합니다. 다른 사람 눈에서 피눈물이 흐르고 있는데도 모르는 척 살아가고 있습니다. 그런 우리에게 하나님은 어떤 마음으로 제8계명을 주셨을까요?

사무엘하 12장에는 예언자 나단이 다윗 왕을 찾아가 죄를 지적하는 장면이 나옵니다. 다윗은 우리아의 아내 밧세바가 목욕하는 모습을 보고 그녀를 취하는 무서운 죄를 지었습니다. 이웃의 아내를 훔친 것입니다. 나단 선지자는 다윗에게 비유를 들어 죄를 지적합니다. "한 마을에 많은 양과 소를 가진 자가 살고 있었습니다. 어느 날 그 부자에게 손님이 찾아왔습니다. 부자는 자기의 양이나 소를 잡지 않고 가난한 사람의 단 하나 밖에 없는 암양을 빼앗아서 그것으로 자기 손님을 대접했습니다."(1-4절 참조)

그런데 다윗은 별로 죄의식이 없었던 것 같습니다. 그것이 자기를 향한 비유임을 모르고 그 부자와 같은 사람은 반드시 죽어야 한다며 대노했습니다. 그러면서 "그 양 새끼를 네 배나 갚아주어야 하리라"(6절)하고 출애굽기 22장의 배상법에 근거하여 배상하도록 명령합니다. 그러자 나단은 "당신이 그 사람이라"(7절)고 합니다.

왜 다윗은 못된 부자 이야기에는 당장 명령해 정의를 행해야 한다고 노발대발 하면서도 자신이 지은 무서운 죄는 인식하지 못했을까요? 다윗은 자신이 가지고 있는 왕의 권세를 가지고 그 정도쯤은 누려도 된다고 생각했던 것입니다. 그는 자신의 권리와 이득을 생각했지, 그것으로 인해 고통당하고 아파하는 사람이 있다는 것을 깨닫지 못했던 것입니다. 문제가 바로 여기에 있습니다.

우리는 모두
도둑질을 하고 있습니다

제8계명은 도둑질한 사람의 입장이 아니라 철저하게 도둑질 당한 사람의 입장에서 이야기하고 있습니다. 당한 사람의 피해를 우리가 마음으로 헤아려야 이 율법을 지킬 수 있다는 것입니다. 그럼에도 우리는 수많은 변명들로 범죄를 정당화하려고 합니다. 로라 슐레징어와 스튜어트 보젤의《십계명에서 배우는 인생》에 나오는 내용을 참고하여 몇 가지 예를 들어 보겠습니다.

"훔친 물건인지 몰랐습니다."

우리는 물건을 살 때 싸고 좋은 것들을 찾습니다. 요즘은 인터넷 쇼핑이 보편적이다 보니 조금이라도 싼 물건을 고르기 위해 다양하게 검색해 볼 수 있습니다. 그런데 검색을 하다 보면 같은 물건임에도 터무니없이 싼 물건들이 있습니다. 대개 좋지 않은 유통 구조에서 생겨난 물건입니다. 정식 매장으로 갈 물건을 뒤에서 빼돌리거나 훔쳤거나 가짜 제품일 수도 있습니다. 그런데도 우리는 그렇게 싸게 올라온 물건을 죄의식 없이 구입해 사용합니다.

유태 전승은 이런 경우 물건을 구입한 사람에게 더 많은 책임이 있다고 합니다. 만약 누군가 훔친 물건을 구입해서 사용하고 있다면 그 물건을 구입한 사람도 죄를 짓는 것입니다. 그러므로 조금이라도 의심스러운 점이 있으면 구입하지 말아야 합니다.

"발견한 사람이 주인 아닙니까?"

가끔 그런 상상을 합니다. 길을 가다가 현금으로 1억 원이 든 가방을 주운 것입니다. 어떻게 하겠습니까? 조용히 들고 집으로 가겠습니까? 아니면 주인을 찾아 돌려주겠습니까? 도덕적인 시민의식을 발휘해 돌려주겠다고 생각할 수 있을 것입니다. 그런데 만약 10만 원쯤 든 지갑을 주웠다면 어떻게 하겠습니까? 주인 찾아 주기도 귀찮고, 얼마 되지 않는 돈이니 저녁 식사 값으로 내버릴 지도 모릅니다.

'주운 사람이 임자'라는 말이 있습니다. 내가 발견했으니 내가 주인이라고 생각해 버리는 것입니다. 그러나 성경은 능동적인 도둑질 뿐 아니라 잃어버린 물건을 되돌려 주지 않는 것도 도둑질이라고 말합니다. 아무리 내가 경멸하는 사람의 물건이라도 돌려주어야 합니다.

"잃어버린 사람이 바보 같은 실수를 한 겁니다."

물건을 사고 거스름돈을 받았는데 잘못 계산 됐는지 더 많은 돈이 손에 쥐어져 있다면 어떻게 하겠습니까? 혹시 식당에서 주문하지도 않은 음식을, 계산서에 올라가지 않은 음식을 직원이 가져다 준다면 어떻게 하겠습니까? '하나님은 역시 나를 사랑하셔서 나에게 이런 서비스를 해주시나 보다' 하겠습니까? 아니면 '실수한 사람이 잘못이지 뭐' 하겠습니까? 그러나 정당하게 소유하지 않은 물건을 취할 권리는 없습니다. 그것 역시 도둑질일 수 있습니다. 그 일로 인해 누군가는 손해를 볼 수도 있기 때문입니다.

"과거에 겪은 불행과 고통을 생각하면 이 정도는 괜찮죠."

과거에 불이익을 당해 본 경험이 있거나, 혹은 타인의 실수 때문에 어려움을 당해 본 사람들 중에는 '나도 그랬는데 뭐' 하고 대수롭지 않게 생각하면서 다른 사람을 이용하여 소득을 올리려는 태도를 취하기도 합니다.

"내게 없는 것이니 내가 갖는 것이 당연해요."

수년 전 미국에서 현금 수송 차량이 고속도로를 벗어나 빈민가로 추락한 일이 있었습니다. 떨어진 충격으로 차의 문이 떨어져 나가면서 길거리에 돈이 쏟아졌습니다. 주민들은 어른 아이 할 것 없이 모두 돈을 주웠는데, 경찰이 도착했을 때는 하나도 남은 것이 없었습니다. 그러나 돈을 도로 가져온 사람은 아무도 없었습니다. 그들은 가난하고 어려운 생활을 했기 때문에 그 돈을 가질 권리가 있다고, '하나님이 주신 선물'이라고 생각을 한 것입니다.

그러나 우리는 이것이 정말 하나님의 선물인지 아니면 유혹인지 분별해야 합니다. 불의한 일로 이득이 다가올 때 그것은 유혹인 경우가 참 많습니다. 도둑질을 하면서 이것은 하나님의 선물이라고 정당화한 적은 없는지 생각해 봐야 합니다.

"다른 사람에게 피해 주는 것 아니잖아요."

이런 경우는 주로 자동차 사고가 났을 때 종종 일어납니다. 별로 아프지 않으면서 어떻게 해서든지 돈을 받아 내려고 하는 것입니다. 가짜 환자로 입원을 하기도 합니다. 그러면서 이것은 보험 회사에서 지불하는 것이니 내가 얻을 수 있을 만큼 얻어도 괜찮다고 생각합니다. 그러나 사실은 우리가 보험료를 받아 내면 결국 보험료가 올라가고 누군가는 피해를 볼 수 있습니다. 정말이지 이기적인 이 사회 가운데 하나님의 말씀이 사라진다면 우리는 결국 이웃에게 수도 없이 피해를 주고 서로를 힘들게 하며 살아갈 수밖에 없는 것 같습니다.

"잠시 빌리는 것뿐이에요."

예전에는 전기나 인터넷 선 같은 것을 몰래 끌어 쓰기도 했습니다. 요새는 몰래 와이파이를 훔쳐 쓰기도 한다고 합니다. 그러나 주인에게 말하지 않고 빌리는 것은 명백히 도둑질입니다. 잠시 펜을 빌려 쓴다면서 주인 허락 없이 가져가 놓고 돌려주지 않은 적은 없습니까? 친구가 아끼는 물건을 빌려 쓰다 잊어버려 놓고 '뭘 그런 걸 갖고 그래, 우리 사이에' 하고는 모른 척 하지는 않았나요?

"그 사람은 이런 대접을 받아 마땅해요."

내가 싫어하는 사람을 화나게 할 목적으로 물건을 가져가거나, 그 사람을 곤란하게 만드는 것도 명백한 도둑질입니다.

"뭘 훔친 것이 아니예요."

극장이나 놀이공원, 목욕탕에 들어가면서 할인을 받으려고 8살짜리 자녀를 "우리 애는 6살이에요" 한 적은 없나요? 이건 정당한 절약 방법이 아닙니다. 명백한 거짓말이요, 영업 이익을 가로채는 것입니다.

저는 오래전부터 교회에서 사용하는 모든 소프트웨어를 정품으로 사도록 했습니다. 굉장히 큰돈이 들었습니다. 그러나 누군가 힘들여 만든 프로그램을 불법으로 복제하는 것 역시 도둑질이라는 생각이 들었습니다. 무료로 다운로드해서 쓸 수 있는데도 돈을 지불하는 것이 손해를 보는 것 같습니까? 그러나 그렇게 하는 것이 하나님 앞에 정당한 방법입니다.

"잘해보려고 그런 건데…"

성전을 밝히기 위해 촛대를 훔쳤다는 핑계는 성립되지 않습니다. 하나님은 과정을 더욱 중요하게 보시는 분이기 때문입니다. 정직하지 못한 과정은, 아무리 좋은 결과를 만들어 낸다 할지라도 하나님이 기뻐하시지 않습니다.

"다른 사람도 다 하는데요."

이상하게 착한 아이도 친구들과 무리를 이뤄 다니면 나쁜 행동을 스스럼없이 하곤 합니다. 많은 사람이 모이면 자신의 주관은 흐려지고 다수의 선택을 따라가는 것을 대중심리라고 합니다. 죄에도 그런 속성이 있습니다. 너나 나나 다 같은 잘못을 저지르고 있기 때문에 자신의 잘못에 대하여 무감각해지는 것입니다.

"다 비즈니스를 위해서입니다."

우리나라 대기업들은 중소기업에 하청을 줌으로써 사업을 이끌어 가는 경우가 많습니다. 그런데 이 경우에는 반드시 정당하지 못한 이윤이 생기게 되어 있습니다. 사업을 할 때 법을 어기지 않고는 성공할 수 없다고도 합니다. 그렇다면 사랑을 위해, 전쟁을 위해, 비즈니스를 위해서는 무슨 짓을 해도 되는 걸까요?

나이키에서 출시되는 140달러 정도의 운동화는 후진국에 외주를 주기 때문에 원가가 5달러 밖에 들지 않는다고 합니다. 아파트를 분양하면서 매겨지는 가격 역시 정직하지 못할 때가 많이 있습니다. 직장생활을 하다 보면 다른 사람의 아이디어를 훔치는 일이 비일비재합니다. 회사가 어려워지면 제일 먼저 줄이는 것이 임금이라고 합니다. 성경은 이렇게 일하지 않고 부당하게 불로소득하는 행위도 도둑질이라고 합니다.

> 악인은 꾸고 갚지 아니하나 의인은 은혜를 베풀고 주는도다
> 시 37:21
>
> 보라 너희 밭에서 추수한 품꾼에게 주지 아니한 삯이 소리 지르며 그 추수한 자의 우는 소리가 만군의 주의 귀에 들렸느니라 약 5:4

일확천금을 노리며 복권을 사는 것도 도둑질이 될 수 있습니다. 복권에 당첨되어 받는 돈은 정당한 노동의 대가가 아니라 많은 사람의 잃어버린 돈이기 때문입니다. 결국 이 모든 정당하지 못한 일들의 피해가 우리에게 고스란히 돌아오게 되어 있습니다. 정당한 대가를 지불하고 정당한 이윤을 남기는 것이 중요합니다.

뇌물을 바치는 것

뇌물은 정당하지 못한 대가이며, 잘못된 결정을 통해 다른 사람에게 간접적인 피해를 주기 때문에 도둑질로 간주됩니다.

너는 뇌물을 받지 말라 뇌물은 밝은 자의 눈을 어둡게 하고 의로운 자의 말을 굽게 하느니라 출 23:8

정직하지 못한 상거래

특별히 성경은 무게와 부피를 속여 장사하는 행위를 하나님의 공의에 반하는 가장 잘못된 행위로 여기고 있습니다.

속이는 말로 재물을 모으는 것은 죽음을 구하는 것이라 곧 불려다니는 안개니라 잠 21:6

4 가난한 자를 삼키며 땅의 힘없는 자를 망하게 하려는 자들아 이 말을 들으라 5 너희가 이르기를 월삭이 언제 지나서 우리가 곡식을 팔며 안식일이 언제 지나서 우리가 밀을 내게 할꼬 에바를 작게 하고 세겔을 크게 하여 거짓 저울로 속이며 6 은으로 힘없는 자를 사며 신 한 켤레로 가난한 자를 사며 찌꺼기 밀을 팔자 하는도다 암 8:4-6

고리대금

네가 만일 너와 함께 한 내 백성 중에서 가난한 자에게 돈을 꾸어 주면 너는 그에게 채권자같이 하지 말며 이자를 받지 말 것이며 출 22:25

율법에서는 가난한 사람이 생계가 어려워 어쩔 수 없이 빌린 돈에 대해서 이자를 받지 않는 것을 원칙으로 하고 있습니다. '채권자같이'는 '고리대금업자같이'라는 뜻입니다(출 22:35).

우리 사회에서는 법이 규정하는 이자를 통해 금융 소득을 올리는 것은 정당한 것으로 간주합니다. 그러나 성경은 개인 간의 금융 거래에 있어서 서로의 인격에 손상을 주거나, 부당한 이자로 인하여 가난한 자의 눈에서 피눈물이 흐르도록 하는 것은 부당한 일로 분명하게 간주하고 있습니다.

이상주의라 생각할 수 있겠지만, 혹시 내가 재정적인 여유가 있다면 누군가에게 돈을 빌려주더라도 보편적 기준보다 이자를 조금 덜 받을 수는 없을까요? 말씀이 우리 가운데 있으면 세상의 가치를 거스르는 힘이 생기지 않을까요? 그럴 때 제8계명은 단순히 남의 것을 훔치는 차원을 넘어서 어렵고 힘든 사람의 마음을 헤아릴 수 있는 단계로 뛰어넘을 수 있지 않을까요? 그것이 하나님의 마음이라면 세상에서 살아가는 우리의 가치관도 달라지지 않겠습니까?

십일조와 헌물을 드리지 않음

사람이 어찌 하나님의 것을 도둑질하겠느냐 그러나 너희는 나의 것을 도둑질하고도 말하기를 우리가 어떻게 주의 것을 도둑

질하였나이까 하는도다 이는 곧 십일조와 봉헌물이라 말 3:8

십일조는 나의 모든 소유가 하나님의 선물임을 인정하는 것입니다. 또한 이 선물을 나 혼자 독식하지 않고 함께 나누며 더불어 살라고 주신 것임을 분명히 하는 것입니다.

성경은 두 가지 종류의 십일조를 명하고 있는데, 성전 십일조와 사회적 경제적 약자를 돕는 '구제 십일조'입니다. 십일조는 양심적인 신앙인을 만드는 중요한 원리이며, 십일조 생활을 통하여 하나님과의 온전한 관계로 들어가게 됩니다.

또한 '봉헌물'이란 자발적으로 하나님께 바치는 것을 뜻합니다(출 25:2).

즉 마음으로 기쁘게 드리지 않는 예물은 하나님이 받지 않으시기에 도둑질이 된다는 말씀입니다.

언제부터인가 사람들이 그런 이야기를 합니다. '십일조는 구약의 산물이다. 교회에서 십일조를 하라고 하는 말은 교회 배를 불리기 위한 일이다. 그러니 십일조를 하지 말라!' 저는 강단에서 '헌금하세요, 십일조하세요' 하는 말이 부끄럽지 않습니다. 우리가 헌금을 하고, 그 헌금이 하나님 나라를 이루는 일이 될 수 있도록 하는 것이 축복인데, 우리는 헌금 이야기를 제대로 하지 못하는 시대를 살아가고 있습니다. 이것은 교회에 도둑놈이 생겼고, 하나님의 것을 탐내는 자들이 생겼기 때문입니다.

그러나 성경은 하나님께 바친 헌물로 어려운 사람을 구제하라고 하십니다. 교회가 제대로 일을 하는 데 사용하라 하십니다. 이 땅 위에 주신 하나님의 가치를 잃어버리는 것이 우리에게 너무도 불행한 일입니다.

요즘 만나교회는 토요예배를 시작했습니다. 교인 한 분이 걱정이 됐는지 아내에게 그런 이야기를 했다고 합니다. "교회가 토요예배를 드리면 문제가 되지 않을까요?" 그런데 주일예배 드리던 분들이 토요예배로 흡수가 되면서 성전에 좀 여유가 생겼습니다. 그분은 "목사님이 토요예배 이야기를 해서 교인이 줄었나 봐요" 했다더군요. 그런데 제가 그 주에 설교를 하며 십일조 이야기를 했더니 "목사님이 교인이 줄으니까 생전 안하시던 십일조 얘기를 다 하시네요" 했다고 합니다.

교인 입장에서는 걱정이 될 수 있었겠지만, 그런 거 아닙니다. 물론 지금까지 저는 교인들 앞에서 십일조 이야기를 잘 하지 않았습니다. 그런데 십계명을 묵상하다 보니 중요한 가치가 있다는 것을 깨달았습니다.

어린 시절 아버지로부터 한 달에 오천 원을 용돈으로 받았습니다. 저는 그 돈을 한 달 동안 잘 나눠서 써 본 적이 별로 없어요. 늘 한 달이 가기 전에 떨어지곤 했습니다. 제가 중학교 2학년 때 중등부 회장이었는데, 후배들을 만나면 먹을 것 사주고 하다 보니 용돈이 금세 떨어졌던 겁니다. 아버지에게 자초지종을 설명하고 용돈이 떨어졌다 이야기하면 아버지는 "너, 아껴쓰랬지?" 하시면서도 "그래, 네가 쓸 데 썼구나" 하시면서 용돈을 더 주곤 하셨습니다.

그러면 그걸 옆에서 지켜보던 누나가 "왜 아버지는 쟤만 더 주세요? 저도 더 주세요" 합니다. 누나는 참 알뜰살뜰 했던 것 같습니다. 용돈을 받으면 잘 쓰지 않고 늘 저금통에 넣어 놓았어요. 그런 누나에게 아버지가 하셨던 말씀이 아직도 기억에 남습니다. "너는 네 돈 있잖아. 네 것 써!"

하나님이 우리에게 주시는 축복은 많이 모으는 것이 아닙니다. 하나님께 받은 것을 흘러가게 하는 것이 축복이 아닌가 생각합니다. 하나님이 맡기신 것을 잘 흘러가게 하면 우리가 하나님 앞에 또 구할 수 있습니다. 그런데 물질이 흘러가지 않게 하고 내 것을 잘 모아 놓으면 하나님은 이렇게 말씀하시지 않을까요? "너는 네 것 써라."

제8계명은 단순히 도둑질하고 안 하고의 문제가 아닙니다. 하나님은 우리가 하나님의 것을 도둑질하지 않고 어려운 이웃에게 흘려보내기를 바라십니다. 그래서 이 땅에 고통당하는 사람들이 없어지기를 바라시며 제8계명을 우리에게 주신 것입니다. 즉 제8계명에 대한 순종은 탐심을 버리는 데에서부터 시작합니다.

잘못을 아프게 기억하지 않으면
더 큰 죄를 짓습니다

　동서고금의 어떤 사회를 막론하고 도둑질을 용납하는 곳은 없습니다. 가장 오래된 법전 중 하나인 함무라비 법전은 주전 18세기에 제정된 것인데, 도둑질한 사람을 사형에 처하도록 규정하고 있습니다. 이슬람교를 신봉하는 아랍권에서는 오늘날에도 다른 사람의 물건을 훔친 죄에 대하여는 그 손을 잘라버리는 가혹한 형벌을 내리기도 합니다. 구약성경에서도 여러 곳에서 "너희는 도둑질하지 말며 속이지 말며 서로 거짓말하지 말라"고 말씀하고 있지만 잘 지켜지지 않았던 것 같습니다(레 19:11).

　그런데 십계명에서는 유독 제8계명에 대해서만은 굉장히 관대하게 대하고 있습니다. 사실 간음하는 자, 부모를 공경하지 않는 자는 다 죽이라고 되어 있는데 그것과 비교하면 굉장히 관대합니다.

　왜냐하면 도둑질은 대부분 경제적으로 가난한 사람들이 궁핍한 가운데 일으키는 범죄였기 때문입니다. 그러므로 이 경우에는 가혹한 체형보다는 배상법을 적용시키고 있습니다.

　예를 들어서 소나 양과 같은 짐승을 도둑질한 경우 두 가지로 세분합니다. 첫째, 도둑이 훔친 짐승을 가지고 있어서 주인에게 돌려줄 수 있는 경우에는 갑절로 배상하도록 했습니다(출 22:4). 둘째, 도둑이 훔친 짐승을 팔아 버렸거나 죽여 없앤 경우,

소는 다섯 배, 양은 네 배로 보상해야 했습니다(출 22:1). 소에 대한 배상이 양보다 무거운 이유는 소를 잃음으로 생기는 일의 손해까지 배상해야 했기 때문입니다. 그러면 이러한 배상법에 대한 성경의 정신은 무엇일까요?

혹시 도둑을 맞아 본 경험이 있나요? 우선은 자신이 가지고 있었던 것에 대한 상실감이 큽니다. 그런데 혹시라도 신체적인 위해를 당하면서 잃어버렸다면 오랫동안 정신적인 고통에 시달려야 할지도 모릅니다.

현대의 형법 체계는 가해자의 범죄 행위에 대한 처벌만을 내리고 있지만 성경의 법은 훔쳐간 사람이 똑같은 고통을 느끼도록 합니다. 도둑질한 죄인이 대가를 치루지 않는다면 또 같은 죄를 지을 수 있기 때문입니다. 그러므로 도둑질이 들통나거나 붙잡혀서 배상을 할 경우에는 훔친 것을 돌려줄 뿐 아니라, 자신도 피해를 본 사람의 고통만큼 느끼도록 100퍼센트를 더해서 갚도록 규정하고 있는 것입니다.

그런데 물건을 훔쳐가고 나서 마음이 괴로워 참회하는 경우도 있습니다. 스스로 죄를 자백하고 뉘우치는 경우에는 그 양의 20퍼센트만을 더해서 배상하도록 하였습니다. 스스로 죄를 인정하는 것이야말로 참회의 첫걸음이며, 자신이 손해를 보는 배상을 하고 용서를 구할 때 그 도둑은 하나님과 사회로 들어가는 여정을 시작하는 것입니다.

이 구약의 법이 오늘날 우리에게 주는 아주 귀중한 교훈이 있습니다. 바로 하나님 앞에 회개를 구하는 우리의 마음가짐에 대해서입니다. 우리는 흔히 은혜를 값싸게 생각하는 경우가 있습니다. 죄를 짓고도 너무나 쉽게 회개하고 용서를 받습니다. 우리가 용서를 받을지는 모르지만, 주님의 가슴에는 또 피멍이 들고 피를 흘리고 있음을 간과하지는 않습니까?

특히 이웃을 대상으로 죄를 지었다면 단순히 기도하는 차원에서 끝나서는 안 됩니다. 이웃에게 피해를 주었다면 그것을 보상해 주어야 합니다. 이웃의 마음을 아프게 했다면 나 역시 용서를 구하며 아픔을 경험해야 합니다. 그래야 다시는 같은 잘못을 저지르지 않게 될 것입니다.

오래 전 신문에 "재일 동포 5년 만의 속죄 편지"라는 기사가 실렸습니다. 서울의 한 마트 점장에게 일본에 사는 재일동포 이씨로부터 편지가 왔는데, 거기에는 두 장의 편지와 함께 2만5천 엔이 동봉되어 있었습니다. 그는 5년 전 아들의 집에 방문했다가 마트로 쇼핑을 갔는데, 충동적으로 20만 원 상당의 물품을 계산하지 않고 나왔다는 것입니다. 당시에는 공짜라는 생각에 기분이 좋았는데 갈수록 죄책감이 커졌고, 그 죄책감 때문에 교회를 나가게 되었는데 "나쁜 짓을 한 사람은 반드시 피해자에게 사과해야 하며, 그것이 물질이라면 그대로 돌려줘야 한다"는 설교를 듣고 5만 원을 더해서 25만 원 상당의 돈을 보내왔다는 것입니다.

그리고 편지를 통해 "용서해 주신다면 지금 죽더라도 편히 눈 감을 수 있을 것 같다"라고 덧붙였다고 합니다.

이 편지가 마트 점장을 감동시켰습니다. 이것은 감동으로 끝나는 것이 아니라 새로운 삶의 시작을 의미하는 것입니다. 하나님의 말씀을 따라 행할 때 나타나는 변화의 역사입니다. 아무리 작은 것일지라도 죄의 대가를 명확하게 치러야 하며, 그 아픔을 경험해야 합니다.

말씀을 묵상하면서 저도 초등학교 때 사건이 기억이 났습니다. 어머니 지갑에서 백 원을 몰래 꺼냈던 것이죠. 그때는 어린 마음에 얼마나 가슴이 조마조마했던지요. 그런데 사실은 조마조마한 마음에서부터 죄의 대가를 치르는 것 같습니다. 이것은 우리 속에 있는 '양심'이 작동했기 때문입니다. 그런데 문제는 이 조마조마한 마음이 사라지는 것입니다. 그러면 우리는 소위 '양심에 화인'을 맞아서 더 큰 죄를 짓게 됩니다. 아프게 자기 잘못을 기억하지 않으면 큰 잘못을 쉽게 저지르게 된다는 것입니다.

아들이 초등학교 1학년 때 일입니다. 어린놈이 집에만 오면 문을 잠그고 방에 들어가서는 나오지 않았는데, 그게 영 수상했습니다. 어느 날 아내가 불시에 검문을 했더니, 6천 원 상당의 미니카를 조립해서 놀고 있더랍니다. 장난감 살 돈을 주지 않았는데 말입니다. 그래서 어떻게 된 일인지를 추궁했더니 엄마 아빠 방 바닥에 만 원짜리가 떨어져 있어 그걸 주어다 샀다고 하더랍니다. 빤한 거짓말에, "엄마 아빠는 안 봐도 다 알아"라고 하면서 협박을 했더니, 아빠 지갑에서 만 원을 꺼냈다고 이실직고를 하고는 거스름돈은 숨겨 놓았다고 말해 주었습니다.

그때 아들 엉덩이에 멍이 들 때까지 때렸습니다. 쉽지 않았습니다. 그냥 주의를 주고 용서해 줘도 될 일입니다. 그러나 저는 아들에게 무엇이 잘못인지를 분명히 알려 주고 싶었습니다. 무엇을 잘못했는지 마음에 새겨 줘야 크면서 다른 잘못을 저지르지 않지 않을까 생각했습니다. 죄의 대가를 치루지 않는 용서는, 또 다른 죄의 씨를 잉태하는 것입니다.

탐심은 버리기 위해 노력하는 것입니다

> 돈을 사랑함이 일만 악의 뿌리가 되나니 이것을 탐내는 자들은 미혹을 받아 믿음에서 떠나 많은 근심으로써 자기를 찔렀도다
> 딤전 6:10

돈이 선이다 악이다 가치를 이야기할 수는 없습니다. 다만 문제는 돈을 사랑하는 것입니다. 돈은 사랑하는 것이 아니라 사용해야 합니다. 그러나 우리는 돈을 탐합니다. 탐심은 자족하지 못하기 때문에, 만족을 모르기 때문에 생깁니다. 늘 갈증을 느끼

며, 무엇으로든지 갈증을 채우려는 태도입니다. 이 탐심을 버리기 위해서는 자족하는 것을 배워야 합니다. 이것은 다른 말로 삶의 만족을 배우는 것입니다. 도둑질은 부족하다고 느끼기 때문에 생기는 죄악입니다. 만족한 사람이 남의 것을 탐낼 이유는 전혀 없습니다.

> 11 내가 궁핍하므로 말하는 것이 아니니라 어떠한 형편에든지 나는 자족하기를 배웠노니 12 나는 비천에 처할 줄도 알고 풍부에 처할 줄도 알아 모든 일 곧 배부름과 배고픔과 풍부와 궁핍에도 처할 줄 아는 일체의 비결을 배웠노라
>
> 빌 4:11-12

사도 바울은 풍요롭거나 가난하거나 하는 것이 문제가 되지 않았습니다. 하나님이 나를 가장 정확한 곳에 세우셨고 사용하신다는 소명이 있었기 때문이죠. 우리가 삶에 갈증을 느끼는 것은 소명이 없어지는 순간입니다. 내가 있어야 할 자리에 있지 못하다고 느끼는 것, 내가 늘 부족하다고 생각하는 것은 우리에게 갈증을 느끼게 합니다.

불교에서는 고기를 먹지 않습니다. 법륜 스님에게 왜 고기를 먹으면 안 되냐 묻자, 사실 불교의 교리에 고기를 먹지 말라는 항목은 없답니다. 다만 먹을 것을 탐내지 말라는 겁니다. 먹을 것

을 탐내면 어항에 있는 물고기를 볼 때 '예쁘다'는 생각이 아니라 '저걸 잡아먹자' 하는 생각이 든다는 것입니다. 그러면 살심이 들기 때문에 마음을 다스리라고 이야기 한다고 합니다.

그런데 마음을 다스리는 것, 우리 힘으로 할 수 있습니까? 우리 힘으로 해탈할 수 있을까요? 말씀을 자세히 묵상하면서 아주 재미있는 사실을 발견했습니다. 바울은 자족하는 것을 '배웠다'고 했습니다. 처음부터 그런 삶을 산 것이 아니라 신앙의 삶을 통해 배운 것입니다. 우리가 잘 아는 것처럼 빌립보서는 바울이 옥중에서 보낸 편지입니다. 그런데 그런 편지 안에 기쁨, 감사, 만족에 대한 말씀이 등장하고 있습니다. 즉 바울은 믿음 가운데, 말씀을 묵상하고 훈련하면서, 하나님이 주시는 마음과 소명이 마음에 들어옴으로 그런 삶을 살 수 있었던 것입니다.

하나님 안에서 놀라운 신앙의 비결을 발견한 사람, 다시 말하면 하나님의 인도하심을 경험하는 삶을 사는 사람만이 할 수 있는 고백이 아니겠습니까?

어느 심마니의 이야기입니다.

보통 심마니들의 전통에서 산삼을 발견했을 때 '심봤다!'라고 소리친다고 합니다. 그것은 산삼을 발견한 사람이 자기만 은밀하게 그것을 감추어 이득을 취하지 않고 모든 이들과 함께 나누겠다는 윤리적 선포라는 것입니다. 그렇게 하지 않으면 그 산의 주인인 산신령으로부터 벌을 받게 된다는 믿음이 강하게 작용한다고 합니다. 그러므로 자신의 혜안으로 발견한 산삼의 소유권을 포기할 수 있었다고 합니다. 내가 발견한 것이 아니라 산신령님이 나를 통해 우리 모두에게 주신 선물이라는 의미로 해석했다는 것입니다. 이것이 심마니 세계의 엄격한 계율이었던 것입니다.

그런데 김귀현 씨는 산삼을 캐고 제일 먼저 그 자리에 무릎 꿇고 앉아 산삼을 우리에게 주신 하나님께 감사의 기도를 드렸습니다. 다른 심마니들은 김귀현 씨를 이 세계의 큰 어른으로 생각하기 때문에 그의 결정이나 지시에 아무도 이의를 제기하는 이가 없습니다. 그렇다고 이분이 경우 없이 사람들에게 무엇을 함부로 지시하거나 나무라는 분은 아닙니다.

물론 동패들 중에 다른 종교를 가진 사람이 있었지만 그는 그들을 강제하거나 예배나 기도 의식에 참여시키지 않았습니다. 하지만 그가 산삼 앞에서 기도하는 모습을 통해 동패들의 세계관을 흔들어 놓았던 것은 분명합니다. 그의 예배 의식은 산신령이라는 불명확한 신 관념을 넘어 세계를 창조하고 다스리시는 하나님으로 자연과 우주의 주인을 선포한 것입니다.[6]

---

6 김선주, 《우리들의 작은 천국》, CBS북스

언제 우리는 욕심과 탐심으로부터 자유로울 수 있을까요? '이것은 다 하나님이 나에게 주셨다. 이 물질의 주인이 하나님이시다. 하나님이 나를 소명자로 부르셨다' 하는 소명 가운데에 설 때 우리는 하나님의 것을 인정할 수 있습니다. 그리고 인생의 전성기를 살 수 있습니다. 그 때에야 비로소 우리는 죄를 짓지 않고 하나님을 나의 왕으로 선포할 수 있기 때문입니다.

그래서 우리는 주어진 상황에서 열심히 일해야 합니다. 성경은 "일하기 싫어하거든 먹지도 말게 하라"(살후 3:10)고 말씀합니다. 가장 큰 축복은 열심히 일한 것을 수확하는 기쁨입니다.

> 도둑질하는 자는 다시 도둑질하지 말고 돌이켜 가난한 자에게 구제할 수 있도록 자기 손으로 수고하여 선한 일을 하라
> 엡 4:28

여기에서 아주 재미있는 표현이 나옵니다. '도둑질하는 자는 다시 도둑질하지 말고' 가만 보면 도둑질도 하던 사람이 또 합니다. 죄는 곧 습성이 됩니다. 그래서 에베소서는 '돌이켜'라는 말을 쓰고 있습니다. 삶의 가치관이 온전히 바뀌지 않으면 안 되는 것입니다.

여기에 두 가지 초점이 있습니다. 첫 번째는 '열심히 일하는 것이 왜 중요한 지'를 아는 것이요, 두 번째는 '삶의 우선순위'를

분명히 아는 것입니다.

열심히 일한 것에 대한 정당한 결과를 얻는 것이야말로 가장 아름다운 창조의 결과입니다. 과연 나는 다른 사람들에게 인정받을 만큼 열심히 살아왔습니까? 내가 열심히 일한 것에 대한 분명한 열매를 거두어들인다는 자세야 말로 가장 정직한 하나님의 사람의 모습입니다.

헨리 블랙커비(Henry T. Blackaby)는 기업을 운영하는 리더에 대해 이야기합니다. 양심적인 리더는 "직장 사람들이 내게서 어떤 모습을 볼까?" 자문한다는 것입니다.

어느 리더는 날마다 새벽 5시에 일어나 서재에서 하나님과 만남의 시간을 가진 뒤 그날 업무를 준비합니다. 출근할 때에는 이미 3시간이나 업무를 본 상태입니다. 그러나 직원들에게 보이는 그의 모습은 그런 게 아니라는 것이지요. 그래서 블랙커비는 이렇게 제안합니다.

"이왕이면 회사에 일찍 출근해서 동일한 일을 하십시오. 그러면 직원들은 출근해 사장실에 벌써 불이 켜져 있는 것과 회사 주차장에 일착으로 세워진 사장의 차를 보게 될 것이며, 리더가 날마다 열심히 일하는 것을 알기에 직원들도 근면하게 일할 의욕이 생길 것이라는 말입니다."[7]

저도 개인적으로 그렇게 살려고 노력합니다. 저는 교회 9층

---

7 헨리 블랙커비, 《헨리 블랙커비의 영적 리더십》, 두란노

에서 삽니다. 하지만 집에 있는 시간이 거의 없습니다. 아무도 보지 않는 것 같지만 새벽예배를 마치고 사무실에 나와 제일 먼저 불을 켜고 일을 시작합니다. 하나님은 그분 앞에서 열심히 일하고, 사람들 앞에서도 부끄러움 없이 살아가는 자에게 좋은 열매를 주시는 분임을 믿기 때문입니다.

참다운 크리스천 리더는 "내 말대로 해" 하는 사람이 아니라 "내가 하는 대로 열심히 해"라고 말할 수 있는 사람이어야 합니다. 교인들의 입에서 '우리 목사님은 불성실하다, 일을 안 하는 것 같다'라는 말이 나오면 끝난 것입니다. 리더라면 철저하게 자기 관리를 하는 사람이 되어야 합니다.

이러한 삶은 우선순위를 분명히 할 때 가능하게 됩니다. 사람들 중에 성공하고 싶지 않은 사람이 누가 있으며, 열심히 살아야겠다고 다짐하지 않는 사람이 누가 있겠습니까?

많은 사람이 돈을 벌기 위해, 생업을 이어가기 위해 주님과 제대로 조용한 시간을 보낼 수 없다고 안타까워합니다. 늘 마음의 부담을 가지고 살아가지만 절대로 주님과 대화할 시간이 나지 않습니다.

그러나 우선순위를 돈에 두고 살아가면 거기에 소망을 두게 되고 결국 도둑질하는 인생이 됩니다. 가장 중요한 가치를 이루기 위해 모든 수단을 정당화하기 때문입니다. 그러나 소망을 하나님께 두고, 하나님께 우선순위를 두고 살아가는 사람은 하나님

중심적인 삶을 살아갑니다.

이것은 목회자들에게서도 동일하게 나타나는 현상입니다. 목회를 너무나 열심히 하다 보니까, 기도할 시간도 말씀을 묵상할 시간도 가질 수 없다는 것이지요. 이러한 경우에 아무리 열심히 목회를 해도 하나님의 계획하심과 무관한 일을 하게 됩니다. 얼마나 허무한 일입니까?

"계획에 실패하는 것은 실패를 계획하는 것이다"라는 격언이 있습니다. 왜 그렇게 열심히 살아가는데 아름다운 삶의 결과를 경험하지 못하고 살아갑니까? 혹시 우선순위가 잘못되어 있지 않습니까?

너무나 많은 일 때문에 하나님을 만나지 못한다는 것은 거짓에 불과합니다. 단지 당신의 우선순위에서 하나님이 멀어져 있을 뿐입니다. 그래서 불의한 일을 거절하지 못하고 도둑질하는 삶을 살아갑니다.

모든 불의, 뇌물, 공정하지 못한 거래, 이웃에게 아픔을 주는 일들에서 자신을 지킬 수 있는 것은 하나님 안에서 자신의 삶을 돌아보는 것입니다. 일에 치여서 시간이 없다구요? 하나님은 우리에게 감당 못할 만큼 많은 일을 주시지 않습니다. 다만 우리가 마땅히 거절할 책임까지 떠맡고 있기 때문입니다.

하나님을 경험하는 삶을 살기 위해 오늘 삶에서 마땅히 거절해야 하는 것을 거절해 보시기 바랍니다. 그러면 삶의 아름다운 열매를 경험하게 될 것입니다.

'도둑질 하지 말라'는 계명은 분명한 삶의 우선순위를 아는 자만이 지킬 수 있는 계명입니다. 이 계명을 지킬 수 있는 자가 되면, 분명 축복된 인생을 사는 사람이 될 것입니다.

> 네가 이 세대에서 부한 자들을 명하여 마음을 높이지 말고 정함이 없는 재물에 소망을 두지 말고 오직 우리에게 모든 것을 후히 주사 누리게 하시는 하나님께 두며 딤전 6:17

4

본능이라 하여
묵인할 수는 없습니다

남이 하면 불륜, 내가 하면 로맨스라는 말이 있습니다. 동서 고금을 막론하고 많은 이들이 불륜을 꿈꾸며, 간음은 인류의 보편적 현상이라고까지 말합니다. 이 땅의 각종 문화 매체는 간음을 얼마나 아름답게 묘사하는지 모릅니다. 간음, 불륜을 저지르고도 '합의 하에 이루어졌다'는 말로, '우리는 사랑했다'는 핑계로 그것을 죄라 여기지 않는 시대를 우리가 지금 살아가고 있습니다.

간음하지 말라
출 20:14

    그러나 성경은 우리에게 간음하지 말라고 분명히 말씀하고 있습니다. 그런데 도대체 이 계명이 간통죄도 사라져 버린 오늘을 살고 있는 우리에게 무슨 의미가 있습니까? 사실 십계명 중 제7계명을 사람들이 참 힘들어합니다. 미국의 크리스천들에게 십계명 중 현대인에게 가장 맞지 않는 계명이 무엇인지 물었더니 바로 이 계명을 뽑았다고 합니다. 간음이 불러올 참담한 결과를 전혀 생각지 못하고 있는 것 같습니다.

바울은 그의 서신서 곳곳에 간음과 순결에 대해 무척 많이 언급하고 있습니다. 그럼에도 우리는 왜 교회에서 간음에 대한 이야기를 많이 듣지 못하는 걸까요? 저는 우리 사회가 이 부분을 너무 가볍게 여기고 있다는 데에서 그 이유를 찾습니다.

우리는 십계명을 굉장히 무겁게 받아들여야 합니다. 이 말씀이 우리를 불편하게 하더라도, 그 불편한 말씀을 명확하게 들을 수 있어야 합니다.

다음은 사도 바울이 데살로니가에 있는 교인들에게 보낸 서신입니다. '너희'에 내 이름을 적용해 읽어 보기 바랍니다.

> 1 그러므로 형제들아 우리가 끝으로 주 예수 안에서 너희에게 구하고 권면하노니 너희가 마땅히 어떻게 행하며 하나님을 기쁘시게 할 수 있는지를 우리에게 배웠으니 곧 너희가 행하는 바라 더욱 많이 힘쓰라 2 우리가 주 예수로 말미암아 너희에게 무슨 명령으로 준 것을 너희가 아느니라 3 하나님의 뜻은 이것이니 너희의 거룩함이라 곧 음란을 버리고 4 각각 거룩함과 존귀함으로 자기의 아내 대할 줄을 알고 5 하나님을 모르는 이방인과 같이 색욕을 따르지 말고 6 이 일에 분수를 넘어서 형제를 해하지 말라 이는 우리가 너희에게 미리 말하고 증언한 것과 같이 이 모든 일에 주께서 신원하여 주심이라 7 하나님이 우리를 부르심은 부정하게 하심이 아니요 거룩하게 하심이니

> 8 그러므로 저버리는 자는 사람을 저버림이 아니요 너희에게 그의 성령을 주신 하나님을 저버림이니라 살전 4:1-8

바울과 그의 동역자였던 실루아노, 그리고 디모데는 회심을 한 데살로니가 교인들이 복음 때문에 받아야 하는 박해를 이겨 내고 있음에 크게 기뻐했습니다. 그들은 우상 숭배를 버리고 하나님께로 돌아선 사람들이었습니다. 그들은 예수님이 다시 오실 것을 기다리며 신앙생활을 하고 있었습니다. 그런 그들에게 바울은 성적 거룩을 이야기합니다.

어쩌면 바울의 이 간곡한 서신은 현대를 살고 있는 우리에게 주시는 말씀인지도 모르겠습니다. 십계명이 주어지던 광야시대나, 예수님이 복음을 전파하시던 시대, 그리고 복음이 전파되던 초대교회, 또한 오늘날 우리의 교회에 변함없이 적용되어야만 하는 것이 바로 제7계명입니다. 가장 시대착오적이라고 생각하는 계명이 하나님의 자녀임을 가장 분명하게 드러내는 표징이 된다는 것입니다. 성의 순결은 하나님의 백성 된 사람들이라는 징표 가운데 하나입니다.

그럼에도 세상에는 거룩하지 않고도 승승장구하는 사람들을 얼마든지 봅니다. 성적으로 문란한 운동선수들이 자신의 재능을 가지고 이런저런 대회에서 우승하는 모습도 눈에 띕니다. 하지만 하나님의 일만큼은 거룩하지 않으면 안 됩니다. 하나님은 거룩하지 않은 사람과 절대로 함께하시지 않기 때문입니다. 하나님을 믿고 그분의 일을 한다고 하는 우리가 하나님이 쓰실 수 없는 사람이라면 그것보다 더 괴로운 일이 있을까요? 그러므로 제7계명은 '하나님이 쓰실 수 있는 사람이 되어라'라고 이해할 수 있을 것입니다.

간음을 막는 진짜 의도는 결혼을 지키려는 것입니다

신명기 22장에는 간음에 대하여 아주 자세하게 기록하고 있습니다. 그중 몇 구절을 살펴보겠습니다.

> 22 어떤 남자가 유부녀와 동침한 것이 드러나거든 그 동침한 남자와 그 여자를 둘 다 죽여 이스라엘 중에 악을 제할지니라 23 처녀인 여자가 남자와 약혼한 후에 어떤 남자가 그를 성읍 중에서 만나 동침하면 24 너희는 그들을 둘 다 성읍 문으로 끌어내고 그들을 돌로 쳐죽일 것이니 그 처녀는 성안에 있으면서도 소리 지르지 아니하였음이요 그 남자는 그 이웃의 아내를 욕보였음이라 … 25 만일 남자가 어떤 약혼한 처녀를 들에서 만나서 강간하였으면 그 강간한 남자만 죽일 것이요 26 처녀에게는 아무것도 행하지 말 것은 처녀에게는 죽일 죄가 없음이라 … 28 만일 남자가 약혼하지 아니한 처녀를 만나 그를 붙들

고 동침하는 중에 그 두 사람이 발견되면 29 … 그 처녀를 아내로 삼을 것이라 그가 그 처녀를 욕보였은즉 평생에 그를 버리지 못하리라 신 22:22-29

결혼한 남자와 여자가 서로 동의에 의해 간음죄를 범한 경우 둘은 똑같이 사형을 당했습니다. 만약 결혼을 하지 않았더라도 약혼한 여자가 다른 남자와 간음을 한 경우 그 장소가 성읍 안이면 역시 남자와 여자 둘 다 사형을 당했습니다. 이스라엘 주택의 규모는 작았기 때문에 여자가 소리를 지르면 도움을 받을 수 있었음에도 그러지 않았다는 것은 서로 동의에 의한 간음으로 본 것입니다(22-24절). 다만 남자가 약혼한 여자를 범한 장소가 성읍 밖이면 여자는 처벌에서 제외되고 남자만 사형을 당했습니다. 이러한 경우는 강제적인 간음으로 본 것입니다(25-27절). 이 부분에 대해서는 남자의 책임을 분명히 합니다.

우리는 남자들의 성욕을 '본능'이라는 이름하에, 억제하기 어렵다는 이유로 어느 정도 묵인해 오는 일이 많았습니다. 실제로 남자들이 여자보다 성적인 죄를 더 많이 짓기도 합니다. 그런데 왜 하나님은 이러한 본능을 아시는데도 이렇게 무거운 형벌을 만드셨을까요? 이유는 간단합니다. 본능이라 하여 결코 묵인할 수 없는 죄이기 때문입니다. 이렇게 무서운 형벌이 있어야만 본능을 억제할 만한 이유가 생기고 강간의 유혹을 단념하게 되기 때문입니다.

남자가 약혼하지 않은 여자를 범한 경우 처벌받지 않지만 반드시 그 여자와 결혼해야 했습니다. 그리고 이런 일로 결혼하게 된 경우에는 남자 쪽에서 이혼이 허락되지 않았습니다(28-29절). 하나님의 법에서 여자는 그녀의 순결을 취한 남자와 결혼하도록 되어 있습니다.

성경은 결혼을 한 상대와 간음하는 것과 가정이 없는 상대와 간음하는 것을 엄격하게 구별하고 있습니다. 왜일까요? 성경은 우리에게 단순히 간음하지 말라고 하는 것에 초점을 두지 않습니다. 우리가 지켜야 할 가정, 이웃에 대하여 이 말씀을 하고 있습니다. 그리고 가장 중요한 결혼의 신성함에 대하여 이야기합니다. 즉 제7계명의 가장 중요한 정신은 단순히 간음을 금지하는 것이 아니라 '결혼'을 지키려는 의도입니다.

십계명을 보며 '금지한 행위가 무엇인지'가 아니라 '왜 하나님이 이 법을 주셨는지, 그 마음이 무엇이었는지'를 알아야 한다고 이야기한 것을 기억합니까? 제7계명은 단순히 간음하지 말라고 하는 금지사항이 아니라 결혼을 지켜야 한다는 하나님의 마음이 가장 강하게 드러난 부분입니다.

간음이 무서운 이유는 누군가의 가정을 깨뜨리는 죄이기 때문입니다. 우리의 죄 때문에 누군가의 가정이 깨어지는 것을 하나님은 무섭게 질책하시는 것입니다. 그러므로 제7계명은 단순히 혼전 순결이나 강간에 대한 것이 아닌 결혼의 소중함, 가정의 소중함에 초점이 맞추어져 있다는 것을 분명히 해야 합니다.

출애굽기에 보면 우리가 이해할 수 없는 이야기가 등장합니다. 결혼하지 않은 처녀들, 여자 노예들과의 성적인 관계가 허용된다는 내용입니다(출 21:7-11).

이런 관계가 허용되었던 이유는 당시의 결혼 형태가 일부다처제였기 때문입니다. 그러므로 구약의 모세오경과 선지서를 통해 제7계명의 간음을 정확하게 정리해 보면, "한 남자가 이웃의 아내와 성관계를 맺는 것과 결혼한 여자가 남편 이외의 남자와 성관계를 맺는 것"이라고 할 수 있습니다.

김지찬 교수는 그의 책에서 십계명 정신에 대해 이야기하는데, 기본적으로 십계명은 '이웃'을 보호하기 위함이라고 합니다.

> 현대인들은 간음을 하면 내 결혼과 내 가정이 망가지므로 간음해서는 안 된다고 생각하지만, 간음 금지 계명은 일차적으로 내 가정과 내 결혼을 보호하는 것이 목적이 아니다. 데칼로그의 7계명의 목적은 이웃의 가정과 결혼을 보호하는 것이다. … '이웃의 생명'을 보호하기 위해 '살인하지 말라'는 6계명을 주신 것이라면 '이웃의 결혼'을 보호하기 위해 '간음하지 말라'는 계명을 주신 것이다.[8]

---

8 김지찬, 《데칼로그》, 생명의말씀사

요즘 젊은 사람들은 일단 살아 보고 결혼하거나, 결혼을 하고 나서도 일정한 시간이 지난 후에 혼인신고를 한다고 합니다. 어떻게 보면 아주 합리적인 선택인 것 같으나 성경은 이것을 간음이라고 규정하고 있습니다.

결혼의 원리는 인간의 합리적인 선택에 의해 좌우되는 것이 아닙니다. 하나님의 명령과 선택에 의해 이루어지는 것입니다. 성경은 간음의 결과를 이렇게 말씀합니다.

> 상함과 능욕을 받고 부끄러움을 씻을 수 없게 되나니 잠 6:33

여기에서 '상함'이라고 번역된 히브리어는 '발작, 역병, 질병' 등을 뜻하는 '네가'(nega)라는 단어입니다. 어느 시대건 간에 간음은 그냥 간음으로 끝나지 않고 엄청난 질병에 대한 문제들을 가져옵니다.

우리는 하나님의 성전입니다. 그런데 간음은 이 성전을 더럽히는 일이기 때문에 무섭습니다(고전 6:28). 뿐만 아니라 간음은 사람을 망치고 가정을 파괴하고 나라를 타락시킵니다.

> 모든 사람은 결혼을 귀히 여기고 침소를 더럽히지 않게 하라 음행하는 자들과 간음하는 자들을 하나님이 심판하시리라
> 히 13:4

그리스도의 복음이 처음으로 전해졌던 초대교회 당시의 상황은 참으로 문란한 성범죄가 로마 제국 전체를 뒤덮고 있던 때였습니다. 성행위를 하는 남녀의 그림을 각종 예술품, 공예품들 속에서 볼 수 있으며, 한 남자와 두 여자가, 또는 두 남자와 두 여자가 함께 집단 성관계를 하는 그림도 있었습니다. 그런 그림을 어린아이들을 포함한 모든 로마 시민이 다 볼 수 있었습니다.

하나님의 심판은 그 부도덕에 이미 닿아 있었습니다. 그리스도의 복음이 로마에 전파된 것입니다. 복음이 들어가면 그곳 사람들은 이전과 동일한 방식으로 살아갈 수 없습니다. 타락한 문화는 정결을 요구하는 하나님의 문화가 필연적으로 부딪칠 수밖에 없습니다. 로마가 그랬습니다. 예수 그리스도의 계명이 사도들을 통해 전해졌고, 하나님을 믿기로 결심한 사람들은 필연적으로 자신을 구별해야 했습니다. 이들은 옛사람의 방식을 버려야 했습니다. 그리고 그들의 삶의 방식은 로마 사회 속에서 이해되지 않는 것처럼 보였습니다.

인류 역사 가운데 문명이 망해 가는 과정들을 보면 틀림없이 거기에 성적인 타락이 있습니다. 구약 시대에도, 신약 시대에도, 지금도 그것은 역시 동일합니다. 간음이라는 것이 마치 '관행'처럼 이 시대에 자리 잡고 있습니다. 그런 가운데에서 하나님은 믿는 우리가 구별되지 않으면 안 된다는 것을 명백하게 말씀하고 계십니다. 우리는 이 계명을 무섭고 무겁게 받아들여야 합니다.

사랑할 대상을 잘못 고른 것이
죄입니다

제게는 아직 결혼하지 않은 28살, 30살 자녀가 있는데, 제가 보기에는 결혼이 너무 늦어지는 것 같아 "너희들 결혼을 좀 해야 할 것 아니냐? 이 사람은 어떠냐? 그럼 저 사람은 어떠냐?" 하며 채근하곤 합니다. 제가 이렇게 이야기를 하면 아이들은 "느낌이 와야 만나지요" 하고 대답합니다.

사실 우리가 결혼을 할 때는 '에로스'에 취합니다. 두근거리는 감정, 사랑한다는 느낌에 빠지는 것입니다. 그런데 에로스를 가능케 하는 서로에 대한 매력이 얼마나 갈까요? 살다가 보면 권태기라는 것도 찾아옵니다. 그러고 보면 결혼을 유지하는 것은 에로스는 아닌 것 같습니다.

사랑에 권태기가 찾아왔을 때 필요한 것이 바로 '아가페'입니다. 아가페가 무엇입니까? 바로 하나님의 사랑입니다. 결국 소중한 결혼을 지키는 것과 신앙이 관계가 있다는 말입니다. 아가페로써 사랑의 위기를 견디고 회복하는 시간이 필요한 것입니다.

사랑이 식었을 때 인간의 법은 빠져나갈 구멍을 찾으려 합니다. 그러나 하나님의 법은 지켜야 할 더 소중한 것이 있다는 것을 말씀합니다. 또한 사랑에 느낌이 전부가 아니라, 사람을 사랑되게 하는 더 소중한 것이 있다고 말씀하고 있습니다.

호세아 2장, 에스겔 23장에서는 이스라엘과 하나님의 결합을 결혼으로 비유하기도 합니다. 이스라엘 백성이 하나님 외에 다른 신을 섬기거나 우상을 만든 것을 '영적 간음'이라 이야기 합니다. 왜 이스라엘 백성들은 다른 신을 찾았을까요? 하나님께 대한 사랑이 식었기 때문입니다. 하나님 앞에 그렇게 뜨거웠던 우리의 마음이 식으면 다른 것을 향하게 되어 있습니다.

우리가 간음한 후에 항변하는 말 중에 이런 말이 있습니다. "사랑은 죄가 아니다!" 맞습니다. 사랑은 죄가 아닙니다. 그런데 그 사랑의 대상을 잘못 선택하는 것이 죄가 됩니다. 제7계명의 핵심은 사랑의 대상을 잘못 선택한 것에 대한 엄중한 명령입니다. 아무리 그 사랑이 순수하고 열정적이라고 해도 대상이 잘못되면 타락의 길을 가는 것입니다. 그래서 우리는 사랑이 식었다고 다른 대상을 잘못 찾을 것이 아니라 처음 마음을 찾아야 합니다.

결혼식을 할 때 우리는 서약을 합니다. "죽음이 두 사람을 갈라 놓을 때까지 신실한 남편, 신실한 아내가 되어…." 그런데 이 부분이 현대인들을 참 힘들게 하는 모양입니다. 미국의 어떤 교회에서는 결혼 서약을 하는데 '죽음이 두 사람을 갈라 놓을 때까지'라는 말을 삭제해 줄 것을 요구했다고 합니다. 그럼에도 교회에서는 왜 이 어려운 서약을 꼭 집어넣은 것일까요?

저는 종종 결혼 주례를 섭니다. 그러면 그 결혼식 장소가 교회든 호텔이든 예식장이든 상관 않고 꼭 가운을 입습니다. 좀 더

세련되게 양복만 입고 할 수 있겠지만, 가운을 고집하는 것은 결혼식이 하나님의 이름으로 드려지는 예배이기 때문입니다.

결혼은 인간의 의식이 아닙니다. 하나님이 제정하여 주신 것입니다. 그래서 저는 '성례'(聖禮)라는 말과 '결혼 예배'라는 말을 자주 사용합니다. 즉 결혼은 하나님 앞에서의 약속입니다. 그래서 주례를 할 때 목사는 하나님을 대신해 이렇게 선언합니다.

> 그런즉 이제 둘이 아니요 한 몸이니 그러므로 하나님이 짝지어 주신 것을 사람이 나누지 못할지니라 하시니 마 19:6

성경은 죽음이 나눌 때까지 나눌 수 없는 것이 결혼이라고 말씀하고 있습니다. 이 말씀은 곧 '사랑'보다 '결혼'이 더 중요하고 더 위대하다는 말이 아닐까요? 결혼을 지키기 위해서 최소한 죽음이 갈라 놓을 때까지는 서로에게 신실하고 순결할 것을 요구하는 것이 아닐까요? 신부가 순백색의 드레스를 입는 이유는 순결을 상징하는 것이요, 그 순결이야말로 거룩의 상징입니다.

그렇다면 이혼과 재혼은 무조건 죄일까요? 구약에는 부득이한 이혼과 재혼을 허락하는 내용이 있습니다. 예를 들어서 구약에서 형이 죽으면 동생이 형수와 함께 살도록 했다든지, 남편이 죽어 기업을 이을 사람이 없을 때는 친족 중에서 누군가 그 여인을 거두도록 하는 것입니다.

이것은 당시 전쟁이 많아 남자가 부족한 시대에서 가정과 과부를 보호하는 법이었습니다. 이렇게 성경은 결혼을 보호할 뿐만 아니라 약자를 보호하는 법도 만들어 놓았습니다.

혹시 깨어진 결혼으로 아파하는 사람이 있습니까? 성폭력, 성추행을 당한 것 때문에, 죄책감 때문에 힘들어하는 사람이 있습니까? 그렇다고 해서 모든 희망이 끊어진 것은 아닙니다. 중요한 것은 앞으로 지켜야 할 것들을 하나님 앞에서 고민하고 기도하고 찾는 것입니다.

지금 내게 주어진 가정을 하나님은 어떤 마음으로 바라보고 계실까요? 하나님의 말씀은 단순히 행위에 초점을 맞추고 있지 않습니다. 아픔을 경험하고 새로운 가정을 만들어 가는 사람들에게 불가항력적인 상황에서도 얼마나 신실하게 서로에게 좋은 배우자가 될 것인가를 말씀합니다. 가정을 지키고자 하는 우리의 마음의 문제인 것입니다.

예수님과 함께
포르노를 볼 수 있습니까?

한번은 중국에 예배를 인도하러 갔다가 공안에게 들켜 중간에 돌아와야 했던 적이 있습니다. 항공편 때문에 그곳에서 며칠을 머물러야 했는데, 함께 갔던 장로님이 저에게 중국 돈을 주면서 쉬는 동안 사우나도 하고 발 마사지도 받아 보라 하기에 그렇게 하기로 했습니다. 마침 호텔에 발 마사지 하는 곳이 있기에 안내를 받아 어느 방으로 들어갔는데, 분위기가 이상했습니다. 침대와 티비가 있고, 조명이 붉고 어두웠습니다.

직원에게 여기가 뭐하는 곳인지 물으니 그저 발 마사지만 하는 데가 아니었습니다. 음란한 곳이었죠. 그 순간 제 마음속에 두 가지가 떠올랐습니다. 하나는 예수님의 얼굴이었고, 또 하나는 우리 교회 교인들의 얼굴이었습니다. 혹시라도 내가 지금 여기에 있는 것을 예수님과 우리 교인들이 본다면 너무 부끄러운 일 아닙니까? 저는 직원에게 빨리 나가게 해달라고 해서 신속하게 그 상황을 모면했습니다.

간음과 음욕의 문제는 이기는 것이 아니라 자신을 지키는 것입니다. 죄와 싸워 이기겠다는 마음도 중요하지만, 죄의 자리에 가지 않도록 자신을 보호하겠다는 마음이 더 중요합니다.

세상은 점점 간음의 죄를 정당화하려고 합니다. 아니 오히려 이러한 법을 지키는 것이 시대착오적인 생각으로 보이게 만듭니다. 그러나 하나님은 우리가 어떤 환경에서도 구별된 삶을 살기를 원하십니다. 세상과 구별되는 것이 거룩이요, 하나님이 원하시는 것은 거룩한 삶을 사는 것이기 때문입니다. 문제는 우리가 어떻게 구별될 수 있는가 하는 것입니다.

율법의 완성자로 오신 예수님은 제7계명의 문제가 간음을 범하는 행위에 있지 않고 마음에 있다고 말씀하십니다.

> 27 또 간음하지 말라 하였다는 것을 너희가 들었으나 28 나는 너희에게 이르노니 음욕을 품고 여자를 보는 자마다 마음에 이미 간음하였느니라 마 5:27-28

제임스 브라이언 스미스(James Bryan Smith) 목사는 그의 책에서 이런 이야기를 합니다. 하루는 동생과 함께 말씀을 묵상하고 신앙적인 대화를 하면서 해변을 걷고 있었습니다. 그런데 저 앞에서 비키니를 입은 여자가 다가오고 있는 것입니다. 두 남자의 시선이 그 여자를 향했습니다. 과연 이것이 죄일까요?

저자는 그건 죄가 아니라고 합니다. 남자가 묵상을 하는 도중에도 비키니를 입고 나타난 여자에게 눈길이 가는 건 본능에 대한 부분입니다. 그런데 문제는 그 여자를 보고 계속해서 묵상하고 묵상하다가 이것이 우리의 행동으로 옮겨지는 것이 죄라는 것입니다. 즉 성경이 죄라고 이야기하는 것은 본능이 아니라 음욕을 품는 것을 말합니다.[9]

'음욕을 품는다'라는 말은 암탉이 알을 품는다는 뜻입니다. 암탉이 알을 품고 시간이 지나면 병아리가 나오는 것처럼 실제로 우리가 간음을 행하지 않았으나 마음속에 음욕을 품고 있으면 시간이 지나 몸으로 죄를 짓지 않겠습니까?

오해하지 말아야 할 것이 있습니다. 끌리는 이성을 보고 성

---

9 제임스 브라이언 스미스, 《선하고 아름다운 삶》, 생명의말씀사

적인 생각을 하지 않을 사람이 이 세상에 누가 있겠습니까? 그러나 그 생각을 마음에 품고 묵상하지 말라는 것입니다. 마음이 행동으로 진행되지 않도록 하나님의 마음이 작동해야 합니다.

하나님은 우리에게 음욕을 제어할 장치를 주셨습니다. 권준 목사는 '유혹'에 대하여 이렇게 말하고 있습니다.

> 내가 유혹 앞에서 넘어졌다면 그 이유는 결코 하나님 때문이 아니다. 속지 말아야 한다. 하나님을 탓하지 말라. 다른 사람을 탓하지 말라. 유혹의 원천은 바로 나다. 내 탓이다. 내 안의 악한 욕심과 욕망, 정욕이 유혹과 만나면 하나님의 경계 밖으로 뛰쳐나가고 싶은 충동을 일으킨다.[10]

이 이야기를 통해 저는 두 가지 사실을 묵상하게 되는데, 하나는 죄에 대한 원천적인 봉쇄요, 다른 하나는 하나님과 동행하는 삶을 살고 있는지 입니다. 이것은 신앙의 아주 근본적인 물음이기도 합니다.

> 2 위의 것을 생각하고 땅의 것을 생각하지 말라 3 이는 너희가 죽었고 너희 생명이 그리스도와 함께 하나님 안에 감추어졌음이라 4 우리 생명이신 그리스도께서 나타나실 그 때에 너희도

---
10 권준, 《교회만 다니지 말고 교회가 되라》, 두란노

> 그와 함께 영광 중에 나타나리라 5 그러므로 땅에 있는 지체를 죽이라 곧 음란과 부정과 사욕과 악한 정욕과 탐심이니 탐심은 우상 숭배니라 6 이것들로 말미암아 하나님의 진노가 임하느니라 골 3:2-6

지금 성령님이 내 안에 계십니까? 내가 어디에서 무엇을 하든 그때 떠오르는 것이 무엇입니까? 지금 내 삶을 지배하는 것이 무엇입니까? 정말 내 안에 성령님이 계시고, 예수님을 믿는다면 근본적으로 이전과는 다른 인생을 살아야 하지 않을까요?

이것은 예수님을 믿는다는 것과는 근본적으로 다른 차원의 문제입니다. 우리는 예수님을 믿고 입으로 시인하여 구원에 이를 수 있습니다. 그런데 믿음만 가지고 천국에 가 보십시오. 정작 예수님을 만났는데 이렇게 인사하시겠습니까? "예수님, 말씀 많이 들었습니다."

어떤 목사님이 심방을 가서 어느 집사님에게 "지금 집사님에게 성령님이 계십니까?" 하고 물었더니 이렇게 대답을 하더랍니다. "잠깐만요. 찾아보고요." 믿는 것은 같은데 예수님도 성령님도 내 마음에 계시지 않는다면, 이것은 정말 큰일입니다.

내 안에 성령님이 계시다면 마음의 죄를 많이 극복할 수 있습니다. 죄의 속성은 아무도 없는 곳에서 홀로 있을 때 이루어집니다. 많은 청년들이 포르노 동영상 때문에 고초를 겪습니다. 죄책감이라도 느끼면 다행입니다. 이런 시대에 동영상 하나 보는 것이 무슨 죄인가 하고 생각하면 그 결과는 무섭게 다가옵니다. 어느 목사님이 설교를 하면서 청년들에게 이렇게 물었습니다.

"여러분. 여러분 안에 성령님이 계십니까? 성령님을 마음에 모시고 음욕을 품고 함께 포르노를 볼 수 있습니까? 성령님과 얼마나 사이가 좋으면 함께 포르노를 봅니까?"

아무리 친한 친구사이라고 해도 함께 야한 동영상을 보며 음욕을 품을 수 있습니까? 하물며 우리가 마음속에 주님을 모시고 있다면서 어떻게 음욕을 품고 음란한 동영상을 볼 수 있겠습니까? 결국 우리는 홀로 있을 때 내가 누구인지 드러납니다. 남에게 보일 때 거룩할 것이 아니라 '혼자 있을 때' 거룩하십시오.

나는 너희의 하나님이 되려고 너희를 애굽 땅에서 인도하여 낸 여호와라 내가 거룩하니 너희도 거룩할지어다 레 11:45

하나님이 당신의 백성에게 끝까지 강조하는 것은 '거룩'입니다. 다시 한 번 묻습니다. 지금 당신 안에 무엇이 있습니까? 성령님입니까, 음욕입니까?

제7계명을 가지고 만나교회 나무공동체 평신도가 나누었던 묵상의 글입니다.

어느 집사님의 경험이다. 집사님이 교회 생활을 하면서 여러 남자 집사님과 권사님과 장로님을 알게 되었는데, 이는 교회에서 이루어지는 자연스러운 관계였기에 성경 말씀대로 남을 자신보다 낫다고 여기며 잘 섬겼다고 한다.

그런데 하루는 한 남자 집사님에게 카톡이 왔다. 그분은 얼마 전까지 개인톡으로 성경 말씀이나 좋은 글, 감동적인 영상을 자꾸 보내던 분이었다. 그래서 그런가보다 했는데, 이번에는 내용이 달랐다. 요즘 힘든 일이 있으니 커피를 한 잔 사 줄 수 있느냐는 내용이었다. 순간 이해가 되지 않았다. 그분은 이미 결혼했고 아내 집사님도 서로 아는 사이인데 왜 이런 카톡을 보낼까 하는 생각에 '제가 뭐 별 도움이 되겠어요. 교회 일로 바쁘신가 봐요. 기도로 힘 보내겠습니다' 하고 정중히 사양했다.

그 후에도 남자 집사님에게 계속해서 성경 말씀, 글, 영상이 개인톡으로 왔지만 이 집사님은 아예 메시지 자체를 보지 않았다. 지나다 만나면 인사는 하되 가급적 눈을 맞추지 않거나 말을 하는 것도 꺼려졌다고 했다. 교회에서는 이런 문제를 철저히 단절해야 한다는 생각으로 다른 사람들과 차를 탈 때도 나란히 앉지 않았다. 목회자들은 그렇게 규칙을 만들어 혹 생길 수 있는 문제들을 조심하는데, 평신도들에게도 이런 정도의 예의는 있어야 한다는 생각이 들었다.

한 교회 성도로서 서로의 남편과 아내가 함께 동역하면서 이렇게 다른 형제의 아내에게 개인적으로 차를 마시자고 하는 것이 과연 옳은 것인지 물어보지 않아도 답은 나온다. 주 안에서 형제자매라는 친분이 있더라도 교회에서는 늘 주님이 함께 하신다는 것을 염두에 두고 혹여 조금이라도 주님이 싫어하실 일은 마음에라도 품으면 안 되겠다는 생각이 들었다. 주님의 불꽃같은 눈동자가 지켜보기 때문이다. 그것이 가장 두렵다.

우리는 하나님 앞에서 노력하지 않으면 너무나 쉽게 거룩을 훼손할 수 있습니다. 인간은 그만큼 약합니다. 하나님 앞에서 거룩을 지키기란 결코 쉬운 일이 아닙니다. 그래서 결혼과 가정을 지키기 위해 간음하지 말라는 금지법이 있는 것입니다. 단순히 행위로써의 금지법을 넘어 마음의 문제인 것입니다.

하나님이
새롭게 빚으십니다

하나님 앞에 건강한 가정을 만들어 나갈 때 누릴 수 있는 가장 큰 축복이 있습니다. 바로 '영적으로 영향력 있는 삶을 사는 것'입니다. 많은 사람 앞에서 설교하는 저 역시 부족한 것이 많은 사람입니다. 그런데 만약 '우리 교인 중 누군가가 미투 운동에 동참한다고 나를 고발하면 어쩌지?' 하는 염려가 있다면 제가 당당하게 설교를 하고 글을 쓸 수 있겠습니까? 오늘 여기에서 하나님이 주신 영적인 영향력을 끼칠 수 있는 것은 조금이라도 주님의 명령을 지키려 노력하며 살았기 때문 아니겠습니까?

많은 사람이 이 부분에 대하여 자꾸 문제를 희석하려고 합니다. 부정한 관계에 대하여 비난하기를 꺼려하는 경향이 있습니다. 많은 사람이 비슷한 경험과 죄를 경험하고 있기 때문입니다.

또한 어떤 사람들은 큰일을 하기 위하여 이 정도의 부정은 눈감아 줄 수 있다고 말을 하기도 합니다. 그러나 하나님은 다르게 이야기하십니다. 작은 일에 인정을 받아야 하나님께 더 큰 것을 받게 됩니다(마 25:23). 하나님 나라와 축복의 원리는 바로 이 진리로 움직입니다.

하나님을 위해 큰일을 하려는데 하나님이 복 주시지 않아 속이 상한다면 최근의 삶을 살펴보아야 합니다. 능력 있는 크리스천의 삶을 살고 싶은데 삶에서 능력이 나타나지 않는다면 이 부분을 주의 깊게 생각해 보아야 합니다. 영적, 육적 간음에서부터 당신은 자유롭습니까?

리더십의 전문가인 존 맥스웰(John C. Maxwell)은 '리더십이란 영향력'이라고 정의를 했습니다. 그런데 이 영향력을 발휘할 수 있는 가장 큰 요인 중에 하나가 '순전함, 온전함'(integrity)이라고 했습니다. 바로 자신의 삶에 대한 순결성과 온전함, 하나님께 대한 순전함, 자기 배우자에 대한 성실함입니다.

이 시대에 수많은 영적 지도자들이 넘어지고 있는 때, 아직까지도 가장 큰 영향력을 주고 있는 빌리 그레이엄(Billy Graham) 목사님의 능력은 바로 순전함과 온전함에 있습니다.

그 이전에도 복음적인 설교를 하거나 능력을 행하던 사람들은 많았습니다. 그들이 단에 서는 집회에 많은 사람이 모여 열광하는 모습을 보면서 하나님이 역사하신다고 생각을 했습니다. 그러나 어느 순간 그 놀라운 영향력들이 그들에게서 순식간에 사라져 버리고 말았습니다.

이유는 간단합니다. 하나님이 더 이상 사용하시지 않기 때문입니다. 하나님의 거룩함이 떠났기 때문입니다. 교회에 문제가 끊이지 않고 세상에서 교회가 능력을 잃은 것은 리더가, 하나님을 믿는 사람이, 우리가 거룩함을 잃어버렸기 때문입니다.

우리는 다시 회복해야 합니다. 물론 우리 가운데 누가 이 음란과 성적인 죄악에서부터 자유로울 수 있으며, 누가 이 죄악에서 온전한 자라고 자신할 수 있습니까? 우리는 불완전하기에 인간입니다. 하나님도 우리가 완벽할거라 기대하지 않으십니다. 우리는 숨을 쉬는 순간마다 하나님의 도우심이 필요한 존재입니다.

누구나 죄악의 가능성 속에서 살아갑니다. 그러나 하나님은 끊임없이 범죄함에서 이기려고 고민하며, 괴로워하는 모습을 보시고 받아 주시는 분입니다. 온전한 존재가 아니기에, 온전하려고 노력하는 신앙적인 결단들이 아름다운 것입니다.

지금까지 우리가 부족했을 수 있습니다. 그러나 하나님은 우리의 과거를 기억하지 않으시고 우리를 용서하십니다. 그뿐만 아니라 돌아온 자를 새롭게 빚으십니다. 지금 내 모습이 어떠한지는 문제되지 않습니다. 앞으로 우리를 새롭게 빚어 나가실 그 모습을 기대하며, 하나님 앞에 쓰임 받을 수 있기를 기대해 봅시다.

그러나 여호와여, 이제 주는 우리 아버지시니이다 우리는 진흙이요 주는 토기장이시니 우리는 다 주의 손으로 지으신 것이니이다 사 64:8

5

무관심과 증오가
생명을 빼앗습니다

살인은 어쩐지 나와 먼 이야기 같습니까? 살인을 저지르지 않았으니 적어도 제6계명 만큼은 철저히 지키며 살아가고 있다고 믿고 있나요?

제가 오래전 군목으로 근무할 때 그곳의 사단장님은 부대에서 유명한 신앙인이었습니다. 그는 교회 사역과 신앙이 삶에 우선인 분이었습니다. 그런 그분이 늘 입에 달고 다니던 말이 있었습니다. '닭대가리 같은 놈'입니다. 부하들을 보면서 "이 닭대가

살인하지 말라
출 20:13

리 같은 놈!" 하곤 했습니다. 그분이 아무리 교회에서 봉사를 하고 기도를 하고 찬송을 해도 제게는 은혜가 되지 않았습니다. 누군가를 향하여 "닭대가리 같은 놈"이라고 말하는 순간 그분의 봉사와 섬김이 그렇게 의미가 없어져 버렸습니다.

 어떻습니까? 이 사단장님은 살인하지 않았습니다. 그러니 제6계명을 잘 지킨 것으로 보입니다. 그런데 하나님이 만드신 생명을 귀하게 여겼을까를 생각해 본다면 그분은 결코 이 계명에서 자유롭지 못합니다.

제6계명은 단순히 사람의 생명을 해치지 말라고 말하는 것이 아닙니다. 중요한 것은 우리가 타인의 인격을 얼마나 존중하고 있는가 하는 것입니다. 우리는 하나님이 만드신 생명을 얼마나 귀하게 여기고 있습니까?

그렇다면 반대로 이렇게 생각해 봅시다. 전쟁은 어떻습니까? 전장에서 적을 향해 총을 쏜 군인은 제6계명을 어긴 것일까요? 핵무기를 개발하는 북한에 대항해 우리도 맞서서 핵무기를 무장하는 것이 과연 옳습니까? 미국은 테러리스트들과의 전쟁을 정당하다고 주장합니다. 과연 '정당한 전쟁'이 있는 걸까요?

만약 정당한 전쟁은 없고 전쟁터에서 살인을 한 군인이 제6계명을 어긴 것이라면 항일 투사는 어떻습니까? 우리 역사에 일본에 대항해 싸운 열사 중에는 크리스천이 상당히 많은 비중을 차지했습니다. 그 대표적인 인물이 안중근 의사입니다. 그는 이토 히로부미를 사살했다는 이유로 순국했습니다. 그는 가톨릭 신자였는데, 가톨릭 신자들은 죽기 전에 종부성사라는 것을 합니다. 그런데 그가 살인을 저질렀다는 이유로 당시에 신부가 종부성사를 해주지 않았습니다. 어떻습니까? 그가 살인을 했고 제6계명을 어겼다는 의견에 동의합니까?[11]

현대에도 살인이냐 아니냐로 의견이 분분한 사안들이 있습

---

11 김지찬, 《데칼로그》, 생명의 말씀사, 298p 인용

니다. 바로 낙태, 안락사, 자살, 사형제도 등의 문제입니다. 과연 이러한 것들에 어떤 것은 살인이고 어떤 것은 아니라고 정확하게 정의내릴 수 있습니까? 누군가가 우리에게 아주 명확한 규정을 내려 주면 좋겠지만 쉽지가 않습니다.

스캇 솔즈의 책에는 그가 설교하며 곤혹을 치렀던 '낙태문제'에 대한 이야기가 나옵니다. 낙태를 찬성하는 사람이든 반대하는 사람이든 모두가 생명을 존중하는 마음이 있다는 것입니다. 낙태를 찬성하는 사람은 엄마의 인권을 생각하고, 낙태를 반대하는 사람은 아기의 인권과 생명을 존중하며 주장을 합니다.

우리 삶과 믿음의 중심은 우리를 지극히 사랑하사 우리를 위해 목숨까지 내어놓으신 분이다. … 그래서 우리가 어떻게 해야 하는가?
첫째, 살인하지 말라. 이는 이 문제에서 양 진영 모두에게 해당되는 명령이다. 무고한 생명을 독단적으로 없애는 것은 명백한 잘못이며 성경에서 허락하지 않고 있지만, 반대편 입장에 선 사람을 비난하고 미워하는 것도 역시 잘못이다.
둘째, 입장을 바꿔 생각하면서 자신이 대접받고 싶은 대로 남들을 대접하라. 당신이 상대방에 대해 결정을 내리는 사람이라고 상상해 보라. 자궁 속의 생명을 지키기 위해 싸우되 눈앞에 서 있는 사람을 잊지 마라. 관계를 쌓고 공동체를 이루라. 이미 충분히 상처가 나 있다. … 나는 낙태가 잘못이라고 믿는다. 나는 하나님이 생명을 주시는 분이라고 믿는다. 크리스천으로서 나는 이 문제에서 성경 윤리를 우선시하는 사회를 지지한다. 성경 윤리를 지킬 때 인간이 번영한다고 믿기 때문이다.[12]

당시 바리새인들은 늘 십계명을 외웠습니다. 그들은 하나님의 법을 지키라고 닦달하지만 정작 어려움을 당한 이웃의 짐을 덜어 주기 위해 손가락 하나 까딱하지 않았습니다. 마치 당시 로마의 모습과 닮았습니다. 예수님이 활동하시던 당시 로마는 소위 '팍스 로마나'(Pax Romana)라고 불리는 평화의 시기였습니다. 권력을 가진 사람들이 정해 놓은 정의에 백성들이 무조건 순종했기 때문입니다. 기득권을 지키기 위한 누군가의 굴종과 희생이 따랐던 것입니다. 이런 모습은 이후 히틀러 시대에도 나타납니다. 이들의 공통점은 사회에 부담이 되는 생명, 장애인, 과부, 환자, 아이들은 언제든 버릴 수 있다는 인식입니다.

그런 시대에 예수님이 오셔서 평화를 깨셨습니다. 예수님은 당시 보편적이게 받아들이고 있었던 윤리와 규칙을 철저히 깨트리셨습니다. 이 사건은 하나님의 마음으로 세상을 다시 보게 만든 놀라운 역사이기도 합니다. 즉 우리는 말씀에 대해 우리 기준

---

12 스캇 솔즈,《예수님처럼 친구가 되어주라》, 두란노

이나 판단이 아닌 하나님 아버지의 마음을 알아야 합니다. 하나님은 왜, 어떤 마음으로 우리에게 이런 계명을 주셨을까요?

앞서 반복해서 이야기했듯 십계명은 무엇을 하지 말라고 하는 금지법이 아닙니다. 이 살인하지 말라는 제6계명 역시 제7계명처럼 주어도 목적어도 없습니다. 이것은 하지 말라고 금기를 말하는 것 같습니다. 그러나 실상은 그렇지 않습니다.

살인하지 말라는 이 계명은 생명을 창조하신 하나님의 마음, 생명을 향한 하나님의 마음을 우리에게 알려 주십니다. 즉 제6계명은 생명을 바라보는 시각에 대한 문제입니다. 우리는 흔히 생명에 대한 가치를 우리의 기준으로 판단하기도 합니다. 그러나 성경은 오늘의 여섯 번째 계명을 통하여 인간의 생명이 하나님께 있음을 분명히 말씀하고 있으며, 그 가치는 하나님 앞에서 동일하다는 것을 말씀하고 있습니다.

성경은 살인을 이렇게 정의합니다[13]

우리가 현대에 일어나는 수많은 사건들에 대해 살인이냐 아니냐를 따지기 위해서는 먼저 성경에서 말씀하는 살인의 의미를 살펴볼 필요가 있습니다.

제6계명의 '죽이다'라는 히브리어 단어는 '라차흐'로, 구약에

---

13 본 내용은 김지찬 교수의 《데칼로그》 303-310p 를 토대로 의견을 덧붙였습니다.

서 47번 등장합니다. 같은 의미의 다른 동사인 '하라그' 혹은 '헤미트'가 빈번하게 나오는 것과 비교하면 상대적으로 적게 쓰이는 단어입니다. 그런데 이 단어가 민수기 35장에서는 무려 20번 사용되었습니다. 어떤 의미로 사용되었을까요?

첫째, '라차흐'는 '고의적 살인'의 의미로 사용됩니다(민 35:19-21, 30). 성경에는 사형제도에 대한 내용이 나옵니다. 남의 피를 흘리는 사람은 제 피도 흘리게 되리라는 것이지요. 여기에서 우리는 당시 고대 근동 법을 알아야 합니다. 당시에는 누군가를 죽이면 복수를 하는데 4-5배를 갚습니다. 내 자식을 죽이면 그 죽인 자의 가정을 몰살하는 것이 고대 근동 지방이 가지고 있었던 법적 상식입니다.

그런데 성경은 살인한 자만 죽이라고 말합니다. 왜일까요? 하나님이 허락하신 사형제도는 생명을 죽이는 것이 목적이 아니기 때문입니다. 이 법은 무고한 생명을 보호하기 위한 법입니다. 그러므로 성경은 무고한 사람을 살해한 것에 대해서만 사형을 허용합니다(19절).

성경은 사형 결정을 신중하게 하기 위해서 몇 가지 제도적인 장치를 마련해 놓았습니다. 우선, 살인이 고살이냐 오살이냐의 결정은 장로들이나 몇 사람이 내리는 것이 아니라 한 성읍의 회중이 내리도록 규정하고 있으며(12, 24절), 고살자라는 판결을 내릴 때는 반드시 증인이 있어야 했고, 증인은 반드시 두 명 이상이

어야 했습니다(30절).

둘째, '라차흐'는 '과실로 사람을 죽인 경우'에도 사용됩니다(민 35:22-25). 하나님은 특별한 원한이나 악의 없이 우연히, 혹은 실수로 사람을 죽인 경우 살인자가 보복을 당하지 않도록 도피성에 피할 수 있는 제도를 만들어 주셨습니다. 그렇게 볼 때 실수에 의한 살인은 제6계명에서 말하는 살인죄에 해당하지는 않는 것 같습니다.

이러한 도피성 제도는 '생명 존중'과 연관되어 있습니다. 실수가 있었다면 그 실수한 생명을 보호하려는 것입니다. 물론 어떤 경우는 명백한 죄를 실수라는 이름으로 정당화할 우려가 있는 것도 사실입니다.

현대 사회에서 실수로 인한 살인에는 어떤 경우가 있을까요? 보편적인 경우는 교통사고일 것입니다. 우리나라의 교통사고 사망률은 OECD 평균보다 2배 이상 높다고 합니다. 2010년 교통사고 사망자는 5,595명으로 자동차 1만 대당 2.64명에 이르고 있습니다.

그런데 이런 사고를 당했을 경우 유가족에게 합의금을 줌으로 가해자가 너무 쉽게 형사처벌을 면하고 윤리적 책임에서 자유롭게 되는 것은 아닌가 하는 생각을 합니다. 그뿐만 아니라 비용을 줄이기 위해 일어나는 온갖 안전사고에 대해서도 '과실'이라는 이름으로 너무 쉽게 받아들여지고 있지는 않습니까?

도피성 제도는 모든 실수를 무조건 용서하자는 것이 아닙니다. 도피성은 피해자로부터 보호를 받는 의미도 있지만 동시에 가해자를 일정 기간 동안 구금하는 의미도 있습니다. 지금으로 이야기하자면 형무소 역할을 하고 있는 것입니다. 비록 고의가 아니더라도 살인을 저지른 것은 큰 죄이기 때문에, 하나님은 일정 기간 동안 가해자가 도피성에서 나오지 못하도록 명령하셨습니다(민 35:26-28). 도피성은 가해자의 보호와 동시에 반성의 시간을 갖는 장치였습니다.

그러므로 도피성은 그리스도의 속죄함의 원형이 되는 곳입니다. 우리가 죄를 지었음에도 불구하고 그리스도에게로 피하므로 생명을 보호받는 것입니다. 결국 성경에서 다루고 있는 살인과 사형제도는 하나님이 얼마나 생명을 소중히 대하시는가를 말씀하고 계신 것입니다.

셋째, '라차흐'는 '간접적 살인'과 '사회적 약자에 대한 박해'에도 사용됩니다(왕상 21:19). 열왕기상 21장에는 아합 왕이 나봇의 포도원을 차지하는 과정에서 엘리야가 아합의 행위를 지적하는 장면을 설명하는 내용이 나옵니다. 아합은 나봇을 직접 살인하지 않았습니다. 아내인 이세벨이 모든 것을 꾸몄고 장로들을 통해 거짓 증인을 세우고 법을 이용해 죽였습니다. 하지만 엘리야는 "네가 죽이고"라고 말하고 있습니다.

오늘날 우리 사회에서 일어나는 살인들이 그렇습니다. 정치적으로, 법으로 사람을 죽이는 것들 말입니다. 이것 역시 제6계명에 해당하는 살인이라는 것을 기억해야 합니다. 이러한 정치적 살해의 대상이 대부분 '사회적 약자'라는 것에 주목해야 합니다.

이와 비슷한 내용이 시편에도 등장합니다.

> 과부와 나그네를 죽이며 고아들을 살해하며 시 96:6

여기에서 사용된 동사 역시 '라차흐'입니다. 그런데 이는 직접 죽였다는 말이 아닙니다. 약자들을 박해하고 학대하여 삶의 가능성을 빼앗은 것 역시 성경에서는 사회적 살인으로 보고 있다는 것입니다.

넷째, '라차흐'는 '혼을 죽이는 행위'에도 동일하게 사용되고 있습니다. 다른 말로 '존재론적 살인'이라고 할 수 있습니다. 당시 사회에서 강간을 당한 처녀는 삶의 의미를 상실한 것과 같았습니다(신 22:25-27). 수치스러움으로 제대로 살아갈 수 없었습니다. 이때 '라차흐'를 사용했습니다. 즉 사람을 죽인 것과 같다는 것입니다.

이처럼 성경은 생물학적 죽음만을 살인으로 보지 않았습니다. 넓은 의미로 삶 자체에 대한 의미를 상실한 것, 하나님과의 관계를 단절한 것 역시 존재론적인 죽음을 야기한 살인으로 보았습니다.

그렇게 봤을 때 "선악을 알게 하는 나무의 열매는 먹지 말라 네가 먹는 날에는 반드시 죽으리라"(창 2:17)고 말씀하신 하나님의 말씀이 더욱 이해가 됩니다. 비록 선악과를 따 먹고 아담과 하와가 바로 죽지는 않았지만 이 말은 존재론적인 죽음, 곧 '하나님과의 단절'의 의미였을 것입니다.

어떤 생명도 하나님의 허락 없이 손댈 수 없습니다

인류 최초의 살인은 창세기 4장의 가인이 아벨을 죽인 사건입니다. 이 사건을 통해 우리는 하나님이 살인에 대해, 인간의 한 생명에 대해 어떻게 생각하고 계시는지를 볼 수 있습니다.

하나님은 살인을 저지른 가인에게 "아벨이 어디 있느냐" 하고 물으십니다(창 4:9). 이것은 아주 중요한 발견입니다. 하나님은 가인에게 생명에 대한 책임을 분명히 묻고 계신 것입니다.

또한 하나님은 '핏소리'를 들었다고 하십니다(창 4:10). 하나님은 직접 창조하신 생명에게 구체적인 관심을 가지고 계시다는 말씀입니다.

가인은 아벨을 죽인 후 죄책감과 두려움이 몰려왔습니다. 그래서 주님께 "죄벌이 무거워 주님의 얼굴을 뵙지 못하겠습니다. 만나는 자마다 나를 죽이려 할테니 저는 도망자가 되어 숨어 지낼 것입니다" 하고 말했습니다(창 4:13-14). 하나님은 그런 그에게

"너를 죽이는 자는 벌을 일곱 배나 받을 것이다. 내가 네게 표를 주어 만나는 모든 사람에게서 죽음을 면하게 하겠다"고 대답하십니다(창 4:15).

살인한 사람조차도 사람의 손에 의해 죽임을 당할 수 없습니다. 왜냐하면 살인자의 생명도 하나님의 것이기 때문입니다. 생명은 하나님의 허락이 없이는 누구도 해할 수 없습니다. 사탄이 우리를 늘 해하려 하지만 결코 생명에 손댈 수 없는 이유도 여기에 있습니다.

여기에서 우리는 '사형 제도'에 대한 논란의 문제를 생각해 볼 필요가 있습니다. 우리나라도 사형 제도를 존속시킬 것인가 말 것인가를 두고 논쟁이 치열합니다. 아직 폐지하지는 않았지만 집행은 이루어지지 않은지 오래입니다. 그러나 사형 제도가 옳다 그르다를 규정짓기에 앞서 우리는 살인을 하고 형 집행을 기다리고 있을 사형수의 생명을 하나님이 어떤 마음으로 보고 계시는가를 고민하면 좋겠습니다. 그 속에서 아픔이 느껴진다면, 하나님의 마음이 우리 안에 들어오기 시작한다면 살인하지 말라는 계명의 진짜 의미를 알 수 있지 않을까요?

살인하지 말라는 계명은 결국 인간의 생명을 소중하게 다루라는 것입니다. 성경은 생명이 소중한 이유를 다음과 같이 이야기합니다.

첫째, 하나님이 만드신 소유이기 때문입니다(시 24:1).

둘째, 하나님의 형상을 지니고 있기 때문입니다(창 9:6).

셋째, 그리스도의 피로 구원받은 존재이기 때문입니다(엡 1:7).

넷째, 성령이 거하시는 거룩한 전이기 때문입니다(고전 6:19-20).

그래서 우리는 자살을 포함한 살인, 더 나아가서 자신과 타인의 몸과 마음에 해를 입히는 행위(술, 담배, 마약, 환경오염 등)를 해서는 안 됩니다. 그것이 결국 하나님의 형상을 파괴하고, 구원 사역의 의미를 퇴색시키기 때문입니다.

살인은 '하나님의 것을 도적질하는 것'입니다. 어떠한 생명도 하나님의 허락 없이는 손을 댈 수 없습니다. 살인은 단순히 제6계명 때문이 아니더라도 결코 저질러서는 안 되는 죄입니다.

무관심이
생명을 빼앗습니다

몇 년 전 실제 우리나라에서 있었던 사건입니다. 어느 택시 기사가 손님을 태우고 공항을 가던 도중 심장마비가 왔습니다. 그런데 비행기 시간이 급했던 손님이 응급차도 부르지 않고 골프 가방을 챙겨 공항버스를 타고 갔습니다. 결국 택시 기사는 심장마비로 사망했습니다.

어떻습니까? 이 손님은 처벌을 받아야 할까요? 이 사람이 한 것은 없습니다. 흉기를 들었던 것도, 택시 기사가 심장마비를 일으킬 어떤 행동을 한 것도 아닙니다. 실제로 이 손님은 법적으로 어떠한 처벌도 받지 않았습니다.

그러나 성경은 우리에게 뭐라고 말씀합니까?

> 그러므로 사람이 선을 행할 줄 알고도 행하지 아니하면 죄니라
> 약 4:17

이 사회에서 일어나고 있는 많은 살인들이 이웃에 대한 무관심 때문에 일어나고 있습니다. 직접 흉기를 들지 않았지만 사랑하지 않고 살기 때문에 우리가 돌아보지 못한 곳에서 생명이 죽어 가고 있습니다. 이것 역시 살인이라는 생각을 해 보셨습니까?

오늘 날 우리가 경험하는 이 사회의 현상을 한 마디로 이야기한다면 '냉담함'이라고 할 수 있습니다. 현대인들은 나에게 직접적인 유익이 되지 않는 일, 도리어 나에게 피해가 올 것 같은 일들을 외면합니다. 그러면서도 참 열심히 살아가고 있지요.

'제노비스 신드롬'(Genovese syndrome; 방관자 효과)이라는 말이 있습니다. 1964년 뉴욕 퀸스에서 제노비스라는 20대 후반의 여성이 밤늦게 괴한에게 습격을 당하여 살해된 사건에서 생겨난 말입니다. 이 여성은 일을 마치고 집에 돌아가는 길에 35분 동안이나 괴한에게 쫓겼고, 세 번씩이나 칼에 찔려 살해되었습니다. 문제는 그녀가 습격당하는 것을 본 목격자가 38명이나 되었다는 사실입니다. 그들은 이 사건을 목격하고도 아무도 경찰에 연락

하지 않았습니다. 이 사건은 뉴욕 타임스에서 "현대인들의 무관심과 냉담함에 대하여"라는 제목으로 1면 톱기사로 다뤄졌습니다.[14]

이 사건을 두고 뉴욕에 살고 있던 라타네(Latane)와 달리(Darley)라는 심리학자는 왜 38명의 목격자가 아무도 제노비스를 돕지 않았을까에 대해 '위기에 처해 있는 사람을 도와줄 개인의 책임감이 분산되었기 때문'이라고 결론을 내리고, 이를 설명하기 위해 실험을 했습니다. 한 사람의 행인이 있는 곳에서 한 대학생이 간질 발작을 일으키는 척 연기를 한 것입니다. 놀랍게도 그는 85퍼센트의 구조를 받았습니다. 그러나 5명의 행인이 있는 상황에서는 겨우 31퍼센트의 구조를 받았습니다.

우리는 어려운 사람을 도와야 한다는 생각을 합니다. 그러나 방송에 출연하는 사람에 대해서는 책임감이 덜합니다. 누군가가 그 사람을 돕겠지 하는 생각이 들기 때문이지요. 그런데 이런 제노비스 신드롬 즉, 우리의 무관심 때문에, 책임감이 분산되어서 어딘가에서는 죽어 가는 사람이 있을 수 있습니다.

제6계명은 '생명에 대한 책임'을 묻는 것입니다. 빌라도가 예수님을 심판하면서 "손을 씻으며 이르되 이 사람의 피에 대하여 나는 무죄하니"(마 27:24)라고 했다고 해서 책임이 없어지지 않는다는 것입니다. 지금 내 앞에 고통을 당하고 쓰러지는 사람이 있

■
14 로버트 치알디니, 《설득의 심리학》, 21세기북스

습니까? 그에 대한 책임은 우리에게 있습니다.

로라 슐레징어(Laura Schlessinger)와 스튜어트 보젤(Stewart Vogel) 부부는 그들의 책에서 살해당한 유태인 600만 명에 대한 이야기를 합니다. 2차 세계대전 당시 독일인들이 그렇게 유태인들을 학살할 때, 대부분의 유럽 국가들이 침묵했다고 합니다. 이들은 죽음을 방조하면서 살인을 한 것입니다.

그러면서 저자는 '600만+1'이라는 도전적인 말을 합니다. 죽은 사람이 숫자가 600만 명이라고 생각하면 생명의 무게가 그렇게 크게 다가오지 않습니다. 그러나 +1이 바로 나 자신이라 생각해 보십시오. 만약 그중 한 사람이 내 자녀이거나 부모, 친구, 사랑하는 사람이라면 단순히 +1로 느낄 수 있겠습니까? 그때 우리가 느낄 생명의 무게는 600만 명보다 무겁게 느껴질 것입니다.[15]

과거 이라크의 한 무장단체에 의해 참수당한 김선일 씨의 죽음을 기억할 것입니다. 우리는 당시 국방부 홈페이지에 김선일 씨를 살려달라고 많은 글을 올리며 흥분했습니다. 그런데 미군에게 죽어 가는 이라크인들을 바라보면서도 우리가 그렇게 흥분했을까요? 오히려 냉담하게 바라보지 않았습니까? 그러나 그 사이에서 우리의 아들이요 친구라고 생각했던 사람이 죽임을 당하자 상황은 달라졌습니다.

생명은 600만 명이나 한 명이나 다르지 않게 무겁고 소중합

---

15 로라 슐레징어·스튜어트 보젤, 《십계명에서 배우는 인생》, 황금가지

니다. 우리에게 가슴 아픈 죽음이 있다면 다른 누군가도 그런 아픔을 겪을 수 있습니다.

그러나 우리는 내 일이 아닌 일들에 대하여 쉽게 잊어버립니다. 내가 신경 쓰지 못하는 바람에 누군가에게 쉽게 상처를 줄 수도 있습니다. 그런 우리에게 하나님은 제6계명을 통하여 말씀하십니다. "너희가 무관심한 그 사람, 내가 귀하다 여기는 생명에 대하여 너희는 어떤 마음을 가지고 있느냐?"

십 년 전 남아프리카 지역에 선교사로 있는 친한 목사님들을 찾아간 적이 있습니다. 그에게 무엇이 가장 힘드냐고 질문했습니다. 당연히 사역에 대한 이야기를 할 줄 알았습니다. 그런데 뜻밖에도 아무도 찾아오지 않는 것이 제일 힘들다고 대답했습니다. '이곳에 온 지 20년이 되었는데 우리를 파송한 한국에서조차 우리를 잊은 것 아닌가' 하는 생각이 들면 너무 힘들다는 것입니다. 그들은 그저 우리가 찾아와 함께 먹고 자고 말씀을 나누는 것들이 큰 힘이 된다고 했습니다. 그때 선교사님, 사모님들을 붙잡고 얼마나 많이 울었는지 모릅니다.

정치인, 유명인들이 악성 댓글보다 무서운 것은 무관심이라는 이야기를 많이 합니다. 차라리 욕이라도 하면 나에게 관심이 있다고 생각할텐데, 아무도 관심 주지 않는 것이 힘든 일이라고 말입니다.

세계 곳곳에는 부족하고 힘든 상황보다 무관심으로 아파하는 사람들이 더 많습니다. 가깝게는 영적 전쟁터에서 복음을 들고 싸우는 선교사님들이 있습니다. 재작년 우리 교회 선교팀과 네팔에 갔습니다. 그곳 선교사님들이 지진 피해로 힘들어 할 때 우리 의료팀, 선교팀이 가서 위로를 해 드리려는 차원에서 였습니다. 그러면서 우리 교회가, 우리가 이런 선교를 매년 오고 싶다는 마음이 들었습니다. 아무도 관심을 갖지 않는 사람들에게 '우리가 당신들을 늘 기억하고 기도하겠다'는 마음을 전하고 싶었습니다.

제6계명을 단순히 살인에 대한 명령으로만 보지 말고, 이웃에 관심과 사랑을 보여 주라는 계명으로 이해하면 좋겠습니다. 제6계명은 우리에게 이렇게 말합니다. "이들을 살릴 수 있는 이는 바로 당신밖에 없습니다." 우리의 무책임과 냉담 때문에 누군가가 죽어 가고 있다면, 우리의 관심과 사랑 때문에 누군가가 살 수도 있다는 말입니다.

하나님의 마음이 있는 곳에 우리의 마음이 있고, 하나님의 사랑이 있는 곳에 우리의 사랑이 있으면 좋겠습니다. 그곳에 하나님이 기뻐하시는 생명이 새롭게 피어날 것입니다.

하나님 나라는
세상 가치를 전도시킵니다

현대는 신체적 죽음을 넘어 영혼의 죽음이 더욱 심각합니다. 그런 우리에게 예수님은 '사랑하라'는 말씀을 계속해서 강조하십니다. 그래서 크리스천에게 있어서는 누군가에게 '잘못하지 않은 것' 혹은 '정당한 것'에 대한 문제보다도 '사랑을 했느냐 하지 못했느냐'가 더 중요합니다. 혹시라도 우리가 사랑하지 못해서 한 영혼을 구원하지 못했다면 그것이 큰 죄가 된다는 말입니다. 마땅히 우리가 그렇게 해야 하는 이유는 정작 우리가 자격 없는 그 사랑을 받았기 때문입니다(롬 5:10).

오래전 한 잡지에서 본 어느 원로 목사님의 회고담입니다.

30대 초반의 나이에 부산 시내의 한 교회를 담임하게 되었습니다. 팔팔한 기백으로 목회를 하던 어느 날, 한 성도의 생일 축하 예배에 초대를 받았습니다. 구역장을 비롯한 몇몇 권사님 집사님들과 함께 당시의 시발택시를 타고 갔는데, 목적지에 다다랐는데도 선뜻 요금을 내는 사람이 없었습니다. 안내양이 차비를 조르자 노령의 할머니 권사님이 속곳 주머니에 감춰 둔 비상금을 꺼냈습니다.

주머니에 실밥을 뜯어 내느라 한참 시간이 걸리자 안내양은 재촉을 했습니다. 겨우 비상금이 나왔는데 고액권이었습니다. 거스름돈이 없었는지 안내양은 펄펄 뛰면서 듣기에 거북한 말을 쏟아 놓았습니다. 마침 내가 주머니를 찾아보자 돈이 있기에 그것을 내며 "너는 할머니도 없느냐"는 등 호통을 치고는 내렸습니다. 심하게 당한 데 따른 앙갚음을 한 것입니다.

생일 축하 예배 장소를 향해 가던 골목길에서 젊은 여 집사님이 종종걸음으로 다가와 말했습니다.

"목사님! 조금 전에 화를 너무 많이 내시데예. 그렇게 무서운 얼굴을 보니까 목사님 같지 않데예."

예사롭지 않은 말이었습니다. 나는 심하게 뒤통수를 얻어맞은 느낌에 얼굴이 빨개졌습니다. 마음속에서 자책감이 들기 시작했습니다. '너는 목사 될 자격이 없어!'라는 생각이 마음에 크게 울렸습니다. 그때 집사님이 또 이야기했습니다.

"목사님, 어찌 그리 인정머리 없는교. 그 안내양 말입니다. 그 아이는 새벽같이 일어나 밤중까지 고생이 말이 아닌기라예. 그놈의 가난 때문에 남들처럼 호강 한번 못하고 지칠 대로 지쳐 신경이 날카로워 있는데 목사님이 좀 이해를 하셔야지예. 목사님이 너무 심한 거 같애서 그 아이가 불쌍하데예."

당연히 맞는 말이었습니다. 더욱 고개를 들 수가 없었습니다. 집사님은 또 이야기했습니다.

"목사님! 아무리 생각해도 전도 길이 막혔어예. 그 운전기사와 안내양은 차 안에서 우리 일행이 이야기하는 소리를 듣고 직분을 다 알았을 게 아닙니꺼! 그런데다 아침부터 목사님에게 그렇게 당했으니 그들은 교회라는 말만 들어도 질겁을 할거란 말입니다."
그 사건 이후 나는 골방에 들어앉아 7일 동안 회개하는 금식기도를 했습니다. 그래도 목사 같지 않은 목사, 인정머리 없는 목사, 전도 길 막는 목사라는 허물이 개운하게 벗겨지지 않았습니다.

이 목사님의 마음이 너무도 이해가 되고 와 닿는 것은 우리도 이분과 다르지 않기 때문입니다. 수도 없이 미워하고 화를 내고 복수하려 합니다. 그러나 제6계명은 영혼의 생명까지 포함시켜 우리에게 이야기합니다. 원수를 사랑하고 네 이웃을 네 몸과 같이 사랑할 때 생명을 살리는 역사가 일어날 것이라고 말입니다.

21 옛 사람에게 말한 바 살인하지 말라 누구든지 살인하면 심판을 받게 되리라 하였다는 것을 너희가 들었으나 22 나는 너희에게 이르노니 형제에게 노하는 자마다 심판을 받게 되고 형제를 대하여 라가라 하는 자는 공회에 잡혀가게 되고 미련한 놈이라 하는 자는 지옥 불에 들어가게 되리라
마 5:21-22

'미련한 놈'이란 말은 헬라어로 '라카'인데, 이 말은 '바보',

'가치 없는 사람'이라는 뜻입니다. 즉 상대방을 험담하고 미련하다 욕하는 사람들은 지옥 불에 들어가게 된다는 말씀입니다.

오늘날 교회에서 일어나는 많은 일들이 말로 인한 험담, 상처 때문임을 부인하지 못할 것입니다. 그러나 성경은 험담을 살인과 동급으로 보고 있습니다.

김남준 목사님은 십계명에 대한 설교를 하면서 이런 표현을 썼습니다. "칼에 묻은 피와 욕하는 자의 입술에 묻은 침은 같은 것이다."

하나님이 우리에게 말씀하시는 제6계명은 단순한 육신의 생명이 끊어지는 것뿐만 아니라 우리의 인격이 끊어지는 것, 사회적인 살인, 간접적인 살인들을 다 포함하고 있습니다. 하나님이 창조하신 우리의 몸이 그냥 육신이 아니라 거룩한 성전이기 때문입니다. 우리는 모두가 하나님의 소유이기 때문에 이 인격을 모독하는 것은 하나님을 향해 저주하는 것과 같습니다.

제가 미국에서 선교학을 공부할 때 저를 이렇게 흔들어 놓았던 단어가 하나 있었는데, 'Up-side down Kingdom' 이란 말이었습니다. 하나님의 나라는 Up-side down, 직역하자면 '거꾸로 된 나라'라는 뜻입니다. 우리가 보편적으로 가지고 있는 이 세상의 논리는 죽인 자를 죽이고 죄를 지으면 그 대가를 반드시 물으라고 합니다. 그러나 하나님의 나라는 우리의 모든 가치가 전도되는 곳입니다.

우리가 익히 배운 구약의 율법에 의하면 사람을 죽인 자를 죽이는 것이 마땅합니다. 하나님은 생명을 보호하기 위해 사람의 피를 흘린 것에 대한 대가를 지불하도록 하셨습니다.

그런데 율법을 완성하신 예수님은 보복으로는 결코 이 땅이 하나님의 나라가 될 수 없음과, 인간의 본성이 고쳐지지 않을 것을 알고 계셨기에, 소위 Up-side down Kingdom을 선포하신 것입니다. 너무나 개인주의적, 자본주의적, 계산적인 것에 익숙한 삶을 살고 있는 우리에게 아주 새로운 삶의 가치관을 주고 계신 것입니다. 우리가 죽일 수 있는 자, 그러나 그 생명이 귀하기에 사랑하라는 말씀입니다.

중요한 것은
사랑이 있었는가 입니다

지금 우리 사회에는 해결하지 못한 많은 문제들이 있습니다. 낙태에 대한 문제도 그중 하나입니다. 낙태를 허용하느냐 마느냐 쉽게 결정지을 수 없습니다. 산모가 위태로운 경우도, 산모가 심각한 정신질환을 앓는 경우도, 강간으로 인해 임신했을 수도 있기 때문입니다.

또한 뱃속에서부터 장애가 있을 경우 태어나서도 살 가망이 없는 경우도 있습니다. 이 경우는 한참 논란이 되기도 했습니다. 과연 부모의 선택으로 낙태를 해도 좋은 걸까요?

이 부분에 대해 너무 쉽게 답을 내리기보다는 그들에게 어떻게 도움을 주어야 할지에 대한 고민이 먼저가 되면 좋겠습니다. 태아의 생명이 중요한 만큼 산모의 생명도 중요하게 생각했으면 좋겠습니다.

'정당한 전쟁'이라는 이름으로 합법적으로 일어나는 집단 살인에 대해서도 우리는 신중해야 합니다. 성경은 나라와 가족을 보호하기 위해, 믿음을 지키기 위해 나가서 싸우고 사람을 죽이는 것을 살인이라고 하지 않습니다. 하지만 '정당한 전쟁'이라는 기준을 누가 세울 수 있을까요?

안중근 의사의 의거가 살인이냐 아니냐를 놓고 오랫동안 논쟁이 있었습니다. 1993년, 가톨릭교리신학원 성당에서 봉헌된 안 의사 추모 미사에서 김수환 추기경은 다음과 같이 말을 했습니다.

"안 의사의 의거는 가톨릭 신앙과 상치되는 것이 아니고 그 안에서 우러나온 것이며, 신앙심과 조국애는 분리 될 수 없습니다. 일제의 무력 침략 앞에 민족의 존엄과 국권을 지키기 위해 행한 모든 행위는 정당방위와 의거를 보아야 합니다."

그리고 제2차 바티칸 공의회에서는 이렇게 천명합니다.

"계획적으로 국민 전체나 국가나 소수의 이민족을 전멸하는 행위는 무서운 범죄 행위로 철저히 규탄돼야 하며, 이런 범죄를 명령하는 사람들에게 반항하기를 두려워하지 않는 사람들의 용기는 찬사받을 만하다."[16]

개신교에서는 본회퍼(Dietrich Bonhoeffer) 목사가 히틀러를 암살하려다 발각되어 결국 사형을 당합니다. 그는 옥중서신을 통해 자신의 신앙을 고백하며, 미친 사람에게 버스 운전을 맡길 수는 없기에 히틀러를 암살하는 것은 정당하다고 주장했습니다.[17]

우리가 잘 아는 짐 엘리엇(James Elliot)은 1956년, 에콰도르의 아우카족에게 복음을 전하러 갔다가 잔인하게 살해를 당합니다. 그는 총을 가지고 있었음에도 쏘지 않고 죽음을 택했습니다. 당시 사회는 그의 죽음을 '낭비'라고 했지만, 그의 일기에는 이런 구절이 있습니다.

"나는 오래 사는 것을 원치 않는다. 다만 주 예수님처럼 꽉 찬 삶을 원한다."

사도 바울은 그의 삶에서 가장 멋진 신앙의 고백을 했습니다.

나는 그리스도를 위해 날마다 죽노라! 고전 15:31

그리스도를 위해 산다는 것은 매일 죽는다는 말입니다. '삶과 죽음' 사이에서 우리는 늘 고민해야 합니다. 조금 더 살고, 덜 살고의 문제가 아니라 크리스천으로서 어떻게 사는 것이 바람직

---

16 김지찬, 앞의 책, 325p
17 김지찬, 앞의 책, 298p

한 것인지를 고민하며 살아갈 때, '살인하지 말라'는 계명에 대하여 진정한 행동으로 살아갈 수 있는 사람이 될 것입니다.

저는 이런 복잡한 문제들에 대하여 답을 줄 자신이 없습니다. 하지만 하나님은 생명을 소중하게 여기시고, 그 생명이 하나님의 손에 있다고 말씀하십니다. 중요한 것은 무엇이 진정한 '사랑'을 바탕으로 한 행동인지를 하나님 앞에서 고민해야 한다는 것입니다. 우리 기준으로 너무 쉽게 누군가를 정죄하거나 판단하지 말라는 것입니다. 우리의 말 한마디로 인해 '인격적 살인'이 일어나지 않도록, 또한 우리의 부주의한 행동으로 인해 '살인'이 일어나지 않도록 말입니다. 결국 살아가면서 하나님 앞에 씨름하고 고민하는 사람만이 그 답을 얻을 수 있을 것입니다.

43 또 네 이웃을 사랑하고 네 원수를 미워하라 하였다는 것을 너희가 들었으나 44 나는 너희에게 이르노니 너희 원수를 사랑하며 너희를 박해하는 자를 위하여 기도하라 마 5:43-44

6

부모는 사랑이 아니라
공경의 대상입니다

　얼마 전 인터넷에서 보았던 한 광고가 유독 기억에 오래 남았습니다. 아기를 키우는 초보 아빠들을 대상으로 한 실험이었는데, 처음에는 그들에게 이런 질문지를 줍니다. '아이가 좋아하는 음식은? 최근에 아이를 안아 본 적 있습니까? 마지막으로 아이에게 사랑한다고 말한 적이 언제입니까?' 답을 써 내려가는 아빠들의 얼굴은 상기되어 웃음이 떠나질 않았습니다. 그런데 잠시 후 다른 질문지가 아빠들 손에 들립니다. 그 질문지 내용은 이랬

> 네 부모를 공경하라
> 그리하면 네 하나님 여호와가 네게 준 땅에서 네 생명이 길리라
> 출 20:12

습니다. '아버지가 좋아하는 음식은? 최근에 아버지를 안아본 적 있습니까? 마지막으로 아버지에게 사랑한다고 말한 적이 언제입니까?' 그 질문지를 받아든 이제 막 아빠가 된 남자들은 차마 말을 잇지 못하고 눈물만 흘렸습니다.

왜 십계명에 '자식을 사랑하라'는 계명은 없고, '부모를 공경하라'는 계명만 있을까요? 사실 자식을 사랑하는 일은 그렇게 어려운 것 같지 않습니다. 그냥 사랑이 됩니다. 자식을 키워 본 부

모라면 공감할 것입니다.

그런데 부모를 공경하라는 말은 그렇게 쉽지 않습니다. 그래서 하나님도 계명으로 주신 것이 아닐까요? 게다가 십계명 중 인간 관계에서 지켜야할 계명의 첫 번째가 부모를 공경하라는 내용입니다. 왜일까요? 하나님과의 관계에서 거룩의 시작이 하나님만을 섬기는 것이라면 인간관계에 있어서 시작은 부모를 공경하는 것에서부터 나오는 것이라는 의미가 아닐까요? 하나님을 사랑하지 못하므로 우리가 하나님의 뜻을 벗어나듯이, 부모님을 사랑하지 못하는 사람은 세상에서 잘될 수 없습니다. 그만큼 부모를 공경한다는 것이 중요하고, 강조하지 않으면 자꾸 잊어버리기에 하나님은 십계명에, 그것도 인간관계의 계명 1번 자리에 이 계명을 넣으신 것 같습니다.

그러나 하나님과 부모의 다른 점이 있다면 부모는 자격이 있기 때문에 공경하고 존중받는 것이 아니라는 말입니다. 일본의 감독 겸 배우인 기타노 다케시는 '가족이란 누가 보지 않으면 내다 버리고 싶은 존재'라고 했습니다. 그리고 보면 가족이 '원수'라는 생각이 들 때가 있습니다. 남이면 그저 무시하거나 참으면 되지만 가족은 늘 함께하니 그것조차 쉽지가 않습니다. 오죽하면 옛 어른들이 '전생의 원수가 이생에서 가족으로 만난다'라는 말을 했겠습니까?

그런데 유독 지금 제5계명이 중요하게 다뤄져야 할 이유가 있습니다. 하나님이 우리에게 선물로 주신 것 중에 가장 중요한 것이 '가족'인데, 현대는 가족이 해체되고 있다는 것입니다. 특히 우리가 살고 있는 이 대한민국에서 일어나는 심각한 현상 중에 하나가 '존속 살해'입니다. 한 통계자료에 의하면 2013년 1,141건이던 존속 범죄가 2016년에는 2,235건으로 두 배가 늘었고 지난해 전반기까지만 천 건이 넘는 존속 범죄가 일어나고 있습니다. 2009년을 기준으로 미국이 전체 범죄의 2퍼센트 프랑스가 2.8퍼센트 그리고 영국이 1퍼센트인 것에 비교하면 그 수치가 훨씬 높습니다.

김지찬 교수는 이러한 현상에 대한 이유를 "한국이 외국보다 가족끼리 부대끼는 비율이 높다 보니 갈등이 더 커질 위험이 높다는 지적에서, 생명을 주고받는 사이인 부모와 자녀 관계도 얼마든지 천박해질 가능성이 있고 혼돈과 무질서에 휩싸일 위험이 크다는 점을 알 수 있다"고 설명합니다.[18]

오늘날 가족 관계에서 더 무서운 것은 단순한 '살인'이 아니라 죽음을 '방치'하는 무관심입니다. 언젠가 〈낮은 울타리〉라는 잡지에 실렸던 글을 소개 합니다.

가랑비가 추적추적 내리던 거리에서 갑자기 사람들의 비명 소리가 들렸습니다. 나이가 칠십 세쯤 되어 보이는 할머니

■ 18 김지찬, 《데칼로그》, 생명의말씀사, 255p

가 고통스러운 표정으로 자살을 한 것입니다. 앰뷸런스가 와서 할머니는 곧 병원으로 실려갔고 뒤이어 달려온 경찰들이 사람들을 해산시키고는 자살 원인을 알아내기 위해 할머니의 아파트로 올라갔습니다. 실내는 온갖 고급 도구와 사치스런 장식품들로 가득했지만 왠지 썰렁한 기운이 느껴졌습니다. 이 정도 살림으로 보았을 때 경제적인 어려움은 아닌 것 같고, 혹 건강상의 이유나 불치병 때문일지도 몰라 주치의에게 전화를 걸었습니다. 하지만 주치의는 할머니가 나이에 비해 아주 건강했다고 말했습니다.

골똘하게 고민하던 경찰관은 책상을 뒤져 보았습니다. 그곳에서 할머니의 작은 수첩 하나를 발견했습니다. 그 수첩을 펼쳐본 경찰관은 놀랍다는 표정을 지었습니다. 그러고는 '바로 이것 때문이었군' 하고 낮은 목소리로 혼잣말을 하며 고개를 끄덕였습니다.

할머니의 수첩엔 365일 동안 똑같은 글이 적혀 있었습니다. "오늘도, 아무도 나에게 오지 않았음."

제5계명이 우리에게 도전을 주는 이유가 바로 여기에 있지 않습니까? 이 이야기는 구약 시대에 머물러 있는 이야기도 아니고, 다른 사람에게만 적용되는 이야기도 아닙니다. 바로 지금 이 시대를 살고 있는 우리의 이야기입니다.

하나님은 부모를 사랑하라 하지 않고 공경하라 하셨습니다. 성경은 여러 곳에서 '사랑하라'는 말을 합니다. 하나님을 사랑하고, 이웃을 사랑하고, 원수를 사랑하라 합니다. 그런데 어디에서도 '부모를 사랑하라'는 말씀은 없습니다. 부모는 사랑의 대상이 아니라, 공경과 경외의 대상이라는 뜻입니다.

설교 예화 중에 이런 이야기가 있습니다.

텍사스의 한 사내가 자신의 삶을 살기 위해 가족을 버리고 캘리포니아로 떠났다. 30년 후 그는 무일푼으로 죽었는데, 그의 유언은 자신을 고향 텍사스에 묻어 달라는 것이었다. 이 소식을 들은 가족들은 분개했다.

"그 사람이 우리와 무슨 상관이 있어? 그가 아버지로, 어머니의 남편으로 우리에게 해준 것들이 뭐가 있어? 그 사람 때문에 우리가 얼마나 고생을 했는데 왜 그 시체에 수고와 돈을 들여야 한단 말이야!"

하지만 신앙심 깊은 큰아들은 자기 트랙터와 농기계 등을 저당 잡혀가며 아버지의 시신을 거두었다. 장례를 치르고 난 후 큰아들은 동생들에게 말했다.

"성경에는 '네 부모를 공경하라'고 쓰여 있을 뿐 '어떤 부모'라는 말은 없단다."

'경외'라는 말은 구약에서 여러 번 사용되고 있습니다. 그런데 이 단어는 유일하게 '하나님'에게 대한 것입니다. 잠언에서는 "여호와를 경외하는 것이 지식의 근본"(잠 1:7)이라고 말씀하고 있으며, 이스라엘의 징계와 멸망의 원인을 "여호와께 죄를 범하고 또 다른 신들을 경외"(왕하 17:7)했기 때문이라고 말씀합니다. 즉 이스라엘은 하나님만 경외해야 한다는 말입니다.

그런데 딱 한 가지 예외가 있습니다. 그것은 바로 부모입니다. 레위기에는 "너희 각 사람은 부모를 경외하고"(레 19:3)라고 말씀하고 있습니다.

그렇다면 우리는 왜 부모를 경외해야 할까요? 바로 나에게 생명을 주신 분이기 때문입니다. 우리가 하나님을 경외해야 하는 이유는 그분이 나의 창조주요, 내가 존재하는 이유이며, 내 삶의 진정한 의미이기 때문입니다.

그런 의미에서 나에게 생명을 주신 부모가 하나님과 함께 경외의 대상이 된다는 것은 놀라운 일입니다. 구약 신앙에서 볼 때 부모를 공경하지 않는 것은 궁극적으로 생명의 원천이신 하나님을 공경하지 않는 것입니다. 부모에 대한 불경은 곧 창조주 하나님께 대한 불경이 되는 것입니다.

하나님은 우리를 창조하셨다는 이유로 우리에게 대한 책임을 가지고 계십니다. 그것은 끝까지 사랑하시는 것입니다.

> 세상에 있는 자기 사람들을 사랑하시되 끝까지 사랑하시니라
> 요 13:1

  그리고 하나님은 당신의 사랑만큼이나 부모가 자식을 향해 얼마나 큰 사랑을 가지고 있는지를 아시는 분입니다.

  분당중앙교회 최종천 담임목사님을 초청해 말씀을 들은 적이 있습니다. 그는 새벽예배를 갈 때 아이들의 이불을 덮어 주고 가는 자신의 모습을 보면서 하나님의 사랑을 깨달았다고 합니다. 자식은 모르지만 언제나 지켜보고 챙기는 아버지의 심정이, 눈에 보이지는 않지만 우리를 늘 덮어 주시는 하나님 아버지의 사랑이 아닌가!

  한번은 제주도로 여행을 갔는데 도착하는 순간부터 쫑알쫑알대고 싸우는 아이들을 중간에 버리지 않고 다 챙겨 서울로 돌아오는 자신을 보면서 '그래, 하나님은 웬만큼 깽판을 쳐도 나를 버리시지 않겠구나' 하는 생각에 안도감이 들었다고 했습니다. 아이들을 키우다 보면 "너희 자꾸 싸우면 여기 놓고 갈 거야!" 하고 수없이 협박하지만 진짜 내려놓고 오는 부모가 있겠습니까? "너희 셋 셀 때까지 기회 준다!" 하지만 정작 카운트를 할 때는 빨리 하지도 않을뿐더러 '셋'을 세어 본 적이 없지 않습니까?

  하나님은 우리를 끝까지 기다리시고 얼마든지 져 줄 준비를 하고 계시는 분이십니다. 그런데 부모의 사랑도 이와 같다는 것

입니다. 그 사랑만으로도 부모는 자녀의 공경 받기에 마땅하지 않습니까?

그럼에도 우리는 부모를 공경하는 것이 힘이 듭니다. 과연 내 부모가 그렇게 공경받기에 마땅한 자격이 있는가 생각했을 때 '그렇다'고 흔쾌히 대답할 자녀는 많지 않습니다. 젊은이들에게 묻고 싶습니다. 부모를 공경했습니까, 아니면 갈등했습니까?

결혼을 해 자식을 낳아 봐야 부모가 되고, 부모가 세상을 떠나 봐야 비로소 자식이 된다고 합니다. 저 역시 그랬습니다. 자녀를 낳아 아버지가 되어 보니, 부모님이 두 분 다 돌아가시고 나니 진짜 부모가 된 것 같습니다. 부모님을 생각하면 아쉬움이 많이 남습니다.

만나교회에서 처음 사역을 시작하면서 6년 동안 아버지와 함께했습니다. 함께 교회에서 목회하면서 가장 힘들었던 일 중에 하나가 아버지와의 갈등이었습니다. 아버지와 저는 안 맞는 게 너무 많았습니다. 아버지와 아들 이전에 같은 목사이기에 목회적인 비전의 차이도 있고, 아무리 부자지간이어도 각자 다른 삶을 경험했기 때문에 빚어지는 문제가 있었습니다. 그때는 '갈등'이라고 생각했고, 아버지와 생각이 다른 것을 어떻게 해서든지 이겨 보려고 했던 것 같습니다. 그리고 결과는 힘들어도 제가 늘 이겼다고 생각했습니다. 그런데 지금 돌이켜 보면 결국 아버지가 늘 져 주셨다는 사실을 깨닫습니다. 목회적인 갈등, 교회 문제를 떠나서 결국 아버지는 아버지, 아들은 아들이었던 것입니다.

아무리 죽자고 부모에게 덤벼도 결국 아버지는 아버지, 아들은 아들입니다. 어머니는 어머니, 딸은 딸입니다. 우리는 가족이고 부모 자식인 것입니다. 이 인연은 끊을 수 없습니다. 성경은 부모를 공경하지 않는 죄에 대해 정말 무섭게 이야기합니다.

> 15 자기 아버지나 어머니를 치는 자는 반드시 죽일지니라 …
> 17 자기의 아버지나 어머니를 저주하는 자는 반드시 죽일지니라 출 21:15, 17

하나님과 부모가 동일한 속성을 가지고 있다면, 부모에게 범한 죄는 하나님께 범한 죄와 같은 형벌로 대단히 엄하게 처벌되고 있습니다. 즉 돌로 쳐서 죽이는 것입니다. 신명기에도 부모에게 순종하지 않고 술 취해 방탕한 아들은 사형에 처하도록 되어 있습니다(신 21:18-21).

물론 이와 같은 규정이 실제로 적용된 경우는 아주 드물었을 것입니다. 왜냐하면 자식이 아무리 악해도 돌에 맞는 사형에 처해질 것을 알면서 자식을 고발할 부모는 없기 때문입니다. 그러나 분명한 것은 부모에게 순종하지 않고 반항하는 것이 얼마나 무서운 죄였는가 하는 것입니다.

신명기 27장 15-26절에는 열두 가지 종류의 저주받을 행동이 나열되어 있는데, 그중에 제일은 우상숭배요(15절), 두 번째가 부모에 대한 죄(16절)입니다.

"공공의 적"이라는 영화가 있습니다. 부모를 죽인 패륜아와 그 아들을 보호하기 위해 죽으면서도 애를 썼던 부모의 모습이 대조가 되는 내용이었습니다. 한 성도가 그러더군요. "어떻게 그런 훌륭한 부모 아래서 이렇게 패역한 자식이 나올 수 있습니까?" 그러나 그것이 우리의 모습입니다. 우리는 모두 예수 그리스도를 십자가에 못 박은 죄인이 아닙니까? 그런데 하나님이 우리를 끝까지 버리지 않으시고 부모의 마음으로 지켜 주셨습니다. 부모가 자녀를 바라보는 마음이 그런 마음입니다. 부모는 우리에게 그런 존재인 것입니다.

부모에게도
책임이 있습니다

그런데 부모 공경이 단순히 자녀에게만 부여된 의무일까요? 사실 언제까지 자녀에만 머물러 있는 사람도 없고, 날 때부터 부모로 사는 사람도 없습니다. 자녀는 언젠가 부모가 되고, 그 부모도 결국은 누군가의 자녀입니다. 그러니 공경을 받아야 하는 부모도 부모로서 어때야 하는지 그 책임을 생각해 보아야 합니다. 제5계명은 거기까지 묵상이 되어야 합니다.

말씀은 부모를 공경하면 세상에서 생명이 길겠다고 했습니다. 과연 여기에서 이야기하는 것이 단순히 장수의 축복일까요? 생명이 단지 목숨의 길이가 아니라 영생의 축복이라고 생각한다면, 생명이 길겠다는 약속은 자손 대대로 신앙의 유산을 물려줄 수 있는 부모가 된다는 축복이 아닐까요?

자녀에게 물질적으로 풍족한 좋은 환경을 주었다고 부모의 책임을 다하는 것일까요? 신앙인들에게 있어서 가정은 가장 중요한 신앙 교육의 장이며, 부모는 가장 훌륭한 종교 교육가가 되어야 합니다(신 6:6-9).

아이들이 크면서 가장 감사했던 것은, 시험을 보는 날 아침이면 저에게 "아빠, 기도해 주세요"라고 하던 말입니다. 그래서 저는 아침에 아이들의 머리에 손을 얹고 기도해 주었습니다. "하나님 건강하게 하시고, 공부한 대로 실력을 잘 발휘하게 해주세요." 그랬더니 이놈이 학교에 가서 기도하기를 "하나님 공부한 대로 시험 보게 해주세요. 그런데 공부한 것보다 조금만 더 잘 보게 해주세요"라고 기도를 했다고 합니다. 물론 결과는 공부한 대로 그리 좋은 점수가 나오진 않았지만, 그런 일들이 지금은 추억으로 남아 미소짓게 합니다.

이제는 그렇게 기도해 줄 수 있는 시간이 없습니다. 자녀는 언젠가 부모의 품을 떠나 새로운 둥지를 틀고, 그곳에서 또 부모가 됩니다. 그러니 우리는 자녀가 어렸을 때 끊임없이 주의 말씀을 가르쳐야 합니다. 말씀이 자녀에게서 떠나가지 않도록 가르쳐야 합니다. 그래야 그 자녀가 부모를 공경하며 이 땅에서 생명이 길어질 것이라고 제5계명은 말씀하는 것입니다.

> 또 아비들아 너희 자녀를 노엽게 하지 말고 오직 주의 교훈과 훈계로 양육하라 엡 6:4

물론 제 자식이 공부를 잘하면 좋겠죠. 그렇지만 저에게 기쁨이 되는 것은 자녀가 시험을 보기 전에 기도할 수 있는 올바른 신앙을 가지고 있다는 것입니다. 올바른 신앙의 자세가 있다면 무엇이 되도 된다는 기대감이 있다는 것이죠. 무엇보다 중요한 것은 부모가 신앙적으로 아이들을 지도하느냐 그렇지 않느냐의 문제가 아니겠습니까?

그러나 많은 자녀가 부모에게서 사랑을 배우지 못합니다. 종교개혁가 마르틴 루터(Martin Luther)는 하나님을 아버지라고 부르는 것을 대단히 주저했다고 합니다. 그 이유는 루터가 그의 아버지를 통해 하나님의 사랑을 느낄 수 없었기 때문입니다.

자녀는 부모를 보며 하나님의 사랑을 느낄 수 있어야 합니다. 부모는 자녀에게 하나님의 사랑을 느낄 수 있도록 해주는 존재가 되어야 합니다. 부모가 신앙 교육에 책임을 다할 때 자녀가 하나님의 명령을 따라 부모를 공경하게 되는 원리입니다.

그러나 많은 부모가 자신의 방식으로 사랑하고 양육합니다.

그러면서 최선을 다했다고 자부하며 착각에 빠집니다. 그 결과 사랑은커녕 자녀에게 상처를 주는 경우를 보게 됩니다.

그러나 그런 양육 방법에 진짜 사랑이 있습니까? 사실 부모의 삶에 걸맞게 아이들이 자라 주기를 원하며, 자녀를 통해 자신의 위상이 세워지기를 바라는 것이 아닙니까? 그래서 자녀가 성적이 떨어지거나 능력이 따라 주지 못하면 자랑거리가 되지 못함을 안타까워하고 자녀를 질책하고 있지는 않나요?

어린 자녀는 이런 부모의 모습에서 결코 사랑을 느낄 수 없습니다. 도리어 숨이 턱턱 막힙니다. 이런 부모의 모습들 때문에 아름답게 창조된 하나님의 본성이 파괴되어 버리고 있습니다.

성경은 우리에게 최선을 다하라고 이야기하지 않습니다. "아비들아, 어미들아. 너희의 최선이 최선이라고 착각하지 말고 나의 훈계로, 나의 말씀으로 양육해라. 이것이 부모의 도리이다"라고 말씀하십니다. 자녀의 부족함을 그대로 품고 사랑하는 부모가 되어서 자녀를 훈계할 때, 자신의 감정이 아니라 하나님의 말씀에 비추서 자녀를 양육할 때, 그 자녀가 부모를 공경하는 자녀로 자라나게 될 것이라는 말씀입니다.

〈열린 가정〉 소책자에 나온 "아들의 눈물"이라는 짧은 글을 보게 되었습니다. 환경미화원인 아버지와 고물상을 운영하는 어머니, 그리고 외아들이 사는 가정에서 생긴 일입니다. 어느 날 아들이 아주 고급 상표의 청바지를 사 들고 왔습니다. 이상하게 생각한 부모가 며칠을 추궁한 결과 아들은 "죄송해요, 버스 정류장에서 손지갑을 훔쳤어요"라고 고백을 했습니다.

충격을 받은 아버지는 환경이 어렵다는 이유로 아들이 돈을 훔친 것이 견딜 수 없었고, 아들을 설득하여 경찰서에 자수를 하게 했습니다. 조사를 받던 과정에서 다른 범죄 사실이 하나 더 밝혀지게 되었고, 결국 아들은 법정에 서게 되었습니다.

안타깝게도 아버지는 아들의 행위를 마음 아파하다가 심장마비로 죽게 되었습니다. 재판이 열린 날 어머니는 울먹이는 목소리로 "내 남편의 뜻대로 올바른 사람이 되도록 아들에게 엄벌을 내려 주십시오"라고 요청을 했습니다.

그런데 판사는 아주 의외의 판결을 내렸습니다. 불기소 판정을 내리면서 판사는 이렇게 말했습니다. "우리는 이처럼 훌륭한 아버지의 아들이 평생 교훈을 잃지 않고 성실하게 살아갈 것을 믿기에 이런 판결을 내렸습니다."

지금 나는 자녀에게 어떤 부모입니까? 혹시 자녀의 잘못을 감싸거나 모르는 척하고 있지 않습니까? 주님의 훈계와 가르침이 아니라 세상의 시선과 나의 감정으로 자녀를 옥박지르고 있지는 않습니까?

중간고사를 코앞에 두고 한 학생이 청소년부에 있는 선배에게 화장실에서 몰래 전화를 했답니다. "언니, 나 교회 가고 싶은데 엄마가 못 가게 해. 시험공부 하라고. 그리고 엄마는 일찍 교회 봉사하러 갔어."

　세상의 행복은 공부를 잘한다고 오는 것이 아님을 그렇게 말을 해도 모르겠습니까? 공부만 강조하며 키운 아이들은 이다음에 커서 절대로 부모를 먼저 생각하지 않는다는 사실을 아십니까? 부모가 언제까지 자녀를 돌봐 줄 수 있을 것 같습니까? 언젠가 부모는 자녀에게 도움을 받아야 하는 때가 옵니다. 그러나 이기적으로 자란 아이들은 결단코 부모를 생각하지 않습니다.

부모를 위한
순종의 흔적이 있습니까

　제5계명을 지키기에는 우리를 힘들고 괴롭게 하는 문제가 있습니다. 과연 이 땅의 모든 부모가 공경할 만한 사람들일까요?

　우리 가운데는 '부모에 대한 증오심'을 가지고 살아가는 사람이 참 많습니다. 증오심은 아니더라도 '우리 부모님은 공경받을 만한 자격이 없어'라고 생각하는 사람도 있을 것입니다. 저를 가장 힘들게 하는 부분이 바로 여기에 있었습니다. 자녀를 학대하는 부모들, 혹은 자녀에게 불의한 일을 시키는 부모도 공경해야 하는가 하는 것이지요.

　그런데 '공경하라'와 '따르라'는 말 사이에는 분명한 차이가 있습니다. 성경은 부모를 따르라고 하지 않고 공경하라고 되어 있습니다. 이스라엘의 전통에도 부모가 자녀를 향하여 하나님의 말씀을 지키지 말라고 하는 경우는 순종하지 않아도 되는 예외 규정이 있다고 합니다.

'공경'이라고 번역된 단어의 히브리어는 '카베드'(kabed)입니다. 이 말의 근본 의미는 '무겁게 여기다', '비중 있게 생각하다', '중요하게 여긴다'라는 뜻입니다. 다시 말해 부모를 공경한다는 것은, '삶에서 부모의 위치를 비중 있게 둔다. 부모를 고려한다'라는 뜻이 될 것입니다. 비록 부모가 자격이 없다고 생각한다 할지라도, 부모에 대한 비중을 높이 두라는 것입니다.

저의 이런 설교를 듣고 교인 한 분이 제게 이런 이야기를 해주었습니다. "목사님, 오늘 제가 자유함을 얻었습니다." 그분은 시어머니를 공경하여 잘 모신 분이었어요. 그런데 사랑하지 못했던 겁니다. 시어머니 때문에 아프고 힘들었던 기억이 있었기 때문이죠.

사랑은 쉽지 않습니다. 사랑할 만한 자격과 대상을 갖추는 것도 쉽지 않습니다. 다만 제5계명의 말씀은 사랑이 어렵더라도, 용납되지 않는 문제가 있더라도 부모이니 무겁게 여기고 우리의 의무를 다하라는 말씀인지도 모릅니다.

또 한 가지, 우리를 혼란스럽게 하는 문제가 있습니다. 간혹 신앙생활을 핑계로 부모에 대한 의무나 가정에 대한 의무를 소홀히 하는 사람들이 있습니다. 부모가 하나님을 모를 경우 신앙생활을 핑계로 부모님에게 소홀하게 되기도 합니다.

9 또 이르시되 너희가 너희 전통을 지키려고 하나님의 계명을 잘 저버리는도다 10 모세는 네 부모를 공경하라 하고 또 아버지나 어머니를 모욕하는 자는 죽임을 당하리라 하였거늘 11 너희는 이르되 사람이 아버지에게나 어머니에게나 말하기를 내가 드려 유익하게 할 것이 고르반 곧 하나님께 드림이 되었다고 하기만 하면 그만이라 하고 12 자기 아버지나 어머니에게 다시 아무 것도 하여 드리기를 허락하지 아니하여 13 너희가 전한 전통으로 하나님의 말씀을 폐하며 또 이같은 일을 많이 행하느니라 하시고 막 7:9-13

예수님 당시에도 율법을 잘 지키는 사람들 중 부모와의 관계가 별로 좋지 않은 경우가 있었던 것 같습니다. 예를 들면, "안식일을 거룩하게 지키라"는 명령을 지키기 위하여 부모를 공경하는 일을 게을리 해도 된다고 정당화 하는 사람이 있었다는 것이지요. 예수님 당시에는 '고르반' 즉 '하나님께 드린바 되었다'라고 말하면 그 물질을 가지고 부모님을 공양하지 않아도 된다고 정당화했다는 것입니다.

그런데 예수님은 우리가 거룩하게 안식일을 지키기 위하여 부모에게 해야 할 의무를 다하지 않는 것은 하나님의 말씀을 폐하는 행위라고 하십니다. 그런 행위를 하나님이 기뻐하시지 않는다고 하십니다. 우리가 신앙생활을 잘하는 것은 좋은데 그 때문에 우리 가족에게 소홀히 하는 것은 하나님이 기뻐하시지 않는다는 것입니다(딤전 5:18).

과거 목회자들 중에는 사역이 바쁘다 보니 가정과 자녀를 잘 돌보지 못한 분들이 있었습니다. 그러다 보니 부모에게 반감을 가지고 신앙을 버린 자녀도 있었습니다. 참 무서운 일이라는 생각이 듭니다.

사도 바울은 갈라디아 교회에 율법을 지키느냐 마느냐로 논쟁이 있자 그의 삶에 예수로 인하여 죽고, 예수로 인하여 산 흔적이 있노라고 이야기했습니다. 그러니 가타부타 이야기하지 말라고 말입니다. 얼마나 자신감 있는 신앙인의 이야기입니까?

제5계명이 그저 감정적 차원으로 끝이 난다면 아무런 유익이 없습니다. 우리의 삶을 통하여 드러나야 하는 것입니다. 예수님의 손과 발에 새겨진 그 못 자국과 허리의 창 자국은 바로 우리를 향한 사랑의 흔적입니다. 우리에게 부모님을 위해 흘린 피와 땀의 흔적이 있을 때 삶에 축복으로 연결됩니다.

놀라운 일은 이 축복이 자손에게 연결된다는 것입니다. 결국 땅에서 잘되고 장수하리라는 축복은 부모와 자식 그리고 모든 세대 간을 연결시켜 주는 아주 중요한 계명이며, 개인적인 차원이 아니라 한 가문이 잘될 수밖에 없는 축복입니다.

부모를 위해 감당해야 하는 부분이 있다면 기꺼이 감당하십시오. 그분이 당신에게 생명을 있게 한 분이기 때문입니다. 눈에 보이는 부모도 경외하지 못하면서 하나님을 경외한다는 것은 거짓입니다.

이 땅에 사는 사람 모두가 장수의 축복과 땅에서 잘되는 축복을 누리기 바랍니다. 한 사람도 자녀에게 경홀히 여김을 받는 부모가 없기를 바랍니다. 한 사람도 부모님을 경히 여기는 사람이 없기를 바랍니다.

부모를 공경한다는 것은 쉽지 않습니다. 많은 노력이 필요합니다. 부모를 위하여 삶을 희생하는 시간이 있어야 합니다. 부모를 위하여 의지가 꺾이는 경험이 있어야 합니다. 부모를 위하여 삶에 상처가 난 경제적인 부분이 있어야 합니다. 저는 그것이 순종의 흔적이라고 생각합니다. 그러한 순종의 흔적이 내 삶에 있습니까?

> 이 후로는 누구든지 나를 괴롭게 하지 말라 내가 내 몸에 예수의 흔적을 지니고 있노라 갈 6:17

PART 2

어떻게
믿을 것인가?

7

안식일은
인생의 숨을 고르는 시간입니다

　　우리 교회 장로님들을 보면 참 안쓰러울 때가 있습니다. 쉬어야 할 주말이 너무 힘들기 때문입니다. 언제부터인가 우리는 신앙생활을 열심히 하면 주일이 굉장히 바쁜 날이 되어버립니다.

　　목회자인 저도 그렇습니다. 저에게 주일은 안식하는 날이 아니라 부담으로 다가오는 날입니다. 언젠가는 주일날 아무 부담 없이 기쁘게 예배만 드릴 수 있는 날이 올까요? 하나님을 믿고 섬기는 것은 아름다운 일이지만 쉽지 않은 것 같습니다.

> 8 안식일을 기억하여 거룩하게 지키라
> 9 엿새 동안은 힘써 네 모든 일을 행할 것이나
> 10 일곱째 날은 네 하나님 여호와의 안식일인즉 너나 네 아들이나 네 딸이나 네 남종이나 네 여종이나 네 가축이나 네 문안에 머무는 객이라도 아무 일도 하지 말라
> 11 이는 엿새 동안에 나 여호와가 하늘과 땅과 바다와 그 가운데 모든 것을 만들고 일곱째 날에 쉬었음이라 그러므로 나 여호와가 안식일을 복되게 하여 그 날을 거룩하게 하였느니라
>
> 출 20: 8-11

하나님이 말씀하신 안식일의 진정한 의미가 무엇일까요? 왜 우리는 안식해야 할까요? 그것은 '쉼'이 가지는 진정한 의미 때문이 아닐까요? 우리가 흔히 '칼날을 벼른다'라는 표현을 씁니다. 능력을 날카롭게 다지는 시간이라는 것이죠. 우리에게 안식일은 이런 날이어야 합니다. 그래서 안식일이 지나면 우리 삶에 능력이 생겨야 하는 것입니다.

또 안식일은 나침반을 보는 시간입니다. 망망대해 같은 인생

의 여정에서 우리가 가야 할 방향을 보는 시간 말입니다.

토마스 아 켐피스는 (Thomas a Kempis) 묵상의 시간에 대해 이렇게 말했습니다.

> 당신만의 장소를 정해 그곳을 성실히 찾아라. 그곳은 당신의 가장 가까운 친구가 되어줄 것이고 당신은 그곳에서 큰 위로를 얻을 것이다. 독실한 사람은 침묵과 정적 속에서 영적으로 성장하고 성경의 비밀을 배운다.
>
> 눈물이 흐르는 곳에 정화가 있다. 하나님은 잠시 물러나 있는 사람을 가까이 하신다. 자기 영혼을 보살피지 않고 공공연하게 기적을 행하는 것보다 혼자서 자신을 보살피는 것이 낫다.[1]

그가 말한 묵상의 시간을 안식일에 대입해 보면 좋을 것 같습니다. 과연 우리에게 안식일은 어떤 날인가요?

안식일을 뜻하는 영어 단어 'sabbath'는 히브리어에서 유래된 단어로, 여기에는 '휴식', '중지'의 의미가 포함되어 있습니다. 즉 '엿새 동안 일했으니 이날은 힘든 노동을 내려놓고 쉬어라' 하는 의미인 것입니다.

그런데 믿음 좋은 크리스천들은 주일이 오면 더 힘든 경우가

---

1 토마스 아 켐피스, 《그리스도를 본받아》, 수정 인용

있습니다. 그럴 때는 이렇게 생각해 보아야 합니다. 내가 진짜 안식일을 거룩하게 지키고 있는가!

안식일을 지키는 것은 크리스천의 정체성과 연관이 있습니다. 다시 말한다면 기독교 신앙의 중심에 주일이 있다는 것입니다. 안식일을 지키느냐 못 지키느냐 하는 문제는 성도가 신앙을 지키느냐 못 지키느냐의 문제이기도 합니다.

그런데 말씀을 보면 이 안식일을 '거룩하게' 지키라고 합니다. 안식일이 우리에게 쉼을 주시기 위한 것 까지는 알겠습니다. 그런데 이 쉼이 왜 하필 거룩해야 하는 것일까요?

> 나 여호와가 안식일을 복되게 하여 그날을 거룩하게 하였느니라 출 20:11

안식일이 거룩한 이유는 하나님이 그날을 거룩하게 하셨기 때문입니다. 그러면 왜 하나님은 안식일을 거룩하게 만들어 놓으셨을까요? 그리고 우리는 어떻게 해야 안식일을 거룩하게 지킬 수 있을까요? 우리는 어떻게 거룩한 쉼을 가질 수 있을까요?

안식일과 주일

본격적으로 이야기를 풀어 나가기에 앞서 먼저 안식일과 주일의 개념을 정리해야 할 것 같습니다. 우리는 흔히 안식일과 주일을 혼동할 수 있습니다. 안식일은 엿새 동안 힘써 일하고 난 후, 일곱 번째 날 쉬는 것입니다. 이것이 율법과 유대교의 전통입니다. 그런데 개신교는 안식일이라 하지 않고 주일(Lord's Day)이라고 해서 일주일의 마지막인 일요일에 쉼을 갖습니다. 월요일부터 일요일의 개념은 인간의 역사 가운데서 만들어진 것입니다.

예수님이 승천하신 후 300년이 훨씬 지난 4세기경, 크고 작은 종교회의를 통해 사람들이 모여 주일예배에 참석하는 것을 의무화합니다. 그 무렵 로마는 기독교를 국교로 지정하고, 만약 이를 어길 경우 신자로서 자격을 정지하기도 하죠. 따라서 주일에 모여 예배를 드리는 형태는 예수님 당시나 초대교회에서는 없었던 일이었습니다. 4세기경이 되어서야 비로소 주일예배가 제도적인 틀을 가지게 되었습니다.

그런데 6세기가 지나면서부터는 주일을 지키지 않는 사람들을 아주 강하게 처벌합니다. 주일에는 소의 멍에조차 풀어서는 안 되며, 정해진 일 외에 노동을 엄격히 제한하죠. 일하는 평민들에게는 채찍에 맞도록 하는 규정도 만들게 됩니다.[2]

우리 신앙이 자발적이지 않고, 하나님과의 관계가 인격적이지 않고 제도 속으로 들어오면 신앙은 타락합니다. 루터는 이런 율법주의적 주일성수에 대해 거부하며 안식일 계명의 기본 정신

---

2 김지찬, 《데칼로그》, 생명의말씀사, 242p

을 회복해야 한다고 보았습니다. 그는 주일을 안식일이라고 부르지도 않았고, 또한 유대인들처럼 모든 것을 규범화해서 철저히 지키는 것도 반대했습니다.

루터는 이렇게 말합니다. "주일은 자발적이고 자의적으로 예배하는 날이 되어야 한다. 휴식을 위해 얻어진 자유를 하나님의 말씀과 예배를 위해 사용할 때 비로소 안식이 계명의 기본 정신을 지킬 수 있다." 또한 주일과 안식일에 대해 "일요일과 다른 날은 본질적으로 차이가 없으며, 다만 주일에 하나님의 말씀이 선포되므로 그날을 구별되는 날이라고 보는 것"임을 분명히 했습니다.[3]

청교도들은 주일을 '구약의 안식일 정신을 계승한 날'로 보았고, 그리스도의 부활 사건을 기점으로 삼아 이날로부터 항상 칠 일째를 지켜야 하며 바로 이 일요일이 새 안식일이라고 칭함으로서 전통적으로 대치되어 온 안식일과 주일이라고 하는 개념을 통합했다'고 봤습니다.[4] 지금까지 유대교는 안식일을 주장하고 개신교는 주일을 주장했는데, 이제는 우리가 쉬는 날, 하나님의 말씀이 선포되는 날을 안식일이자 주일로 정하자는 것입니다.

우리가 지금 지키고 있는 안식일, 주일은 성경적인 개념이 아니라 하나님을 믿는 우리의 약속인 것입니다. 그 약속으로 우리는 이날 모여 하나님을 예배하는 공동체를 이루게 된 것입니

---

3 김지찬, 앞의 책, 242-243p
4 김지찬, 앞의 책, 243p, 재인용

다. 분명한 것은 주님의 날, 하나님이 특별하게 구별하여 세우신 그날에 안식일의 정신이 그대로 살아 있어야 한다는 것입니다.

안식일을
거룩하게 지키고 있습니까?

우리가 알고 있는 하나님은 전지전능하신 분, 무소부재하신 분입니다. 그런 하나님께 휴식이 필요하다는 말은 어불성설이죠. 그런데 하나님은 왜 천지창조 후 일곱째 날에 휴식하셨을까요? 성경에 보니 이 휴식은 하나님을 위한 것이 아니었습니다.

> 일곱째 날은 네 하나님 여호와의 안식일인즉 너나 네 아들이나 네 딸이나 네 남종이나 네 여종이나 네 가축이나 네 문안에 머무는 객이라도 아무 일도 하지 말라 출 20:10

말씀에서처럼, 안식일은 사람의 휴식을 위한 날입니다. 즉 하나님이 우리 인간들을 위해 주신 날입니다. 게다가 이 휴식은 동물들을 포함한 자연계의 휴식도 포함하고 있습니다. 특히 '남종과 여종'에 주목해야 할 필요가 있습니다. 이들은 생계를 위해 일하는 사람, 자기 의지로 쉴 수 없는 사람들입니다. 그렇다면 우리는 왜 쉬어야 할까요?

안식일은 하나님께 대한 믿음과 신뢰에서부터 시작합니다.

이날에는 일하지 않아도 생계를 하나님이 보장해 주신다는 믿음으로 생업을 쉬고 예배와 봉사, 교제와 휴식으로 하루를 보내는 것입니다.

그런데 언제부터인가 이 땅에서 안식이 사라져 가고 있습니다. 오래 전부터 기독교 문화가 깃들어 있던 미국은 마을마다 교회가 있고, 주일이면 모두 교회에 모였기 때문에 상점들은 문을 닫았지만, 지금은 상황이 많이 달라졌습니다. 상점들이 서로 경쟁이나 하듯이 평일이나 주일이나 상관없이 손님들을 기다리고 있습니다. 주변에 있는 모든 사람들이 불안하여 쉴 수 없는 세상이 되어 버렸습니다. 당장 계산해 보아도 주일은 매상이 가장 많이 오르는 날인데 쉴 수 있겠습니까?

안식일에 쉰다는 것은 쉽지 않습니다. 하나님을 향한 믿음과 신뢰가 없다면 쉴 수 없습니다. 그래서 하나님은 이스라엘 백성이 출애굽 해서 광야를 지날 때, 안식일 전날만 이틀 치 분량의 만나를 주셨습니다. 그들에게 안식일에 대한 믿음을 가르쳐 주고 싶으셨던 것입니다. "염려하지 말아라. 너희가 쉬어도 내가 너희를 책임지겠다."

우리는 그런 간증을 많이 들었습니다. 식당을 운영하는 사장님이 주일을 지키기 위해 일요일에 문을 닫았더니 토요일에 일요일 장사한 것과 다름없이 많은 손님이 왔다는 것입니다. 옷가게를 하는 교인이 믿음으로 주일에 문을 닫았더니 다른 6일 동안 손님이 가득해서 도리어 물질적인 축복을 받았다는 이야기도 들은 적이 있습니다.

그런데 우리가 생각해 보아야 할 문제가 있습니다. 우리가 안식일을 거룩하게 지키기 위해서 '모든 크리스천 의사들은 주일날 아무것도 하지마세요' '모든 크리스천 경찰관들 일요일에 일하지 마세요' '크리스천은 주일에 운전하지 마세요'라고 한다면 이 시대를 살아갈 수 있을까요? 당장 생업이 걸려 있는 사람들에게는 이 '쉼'이 결코 기쁘지 않을 것입니다.

물론 하나님은 안식일에 생업을 과감히 포기하고 주일성수하는 믿음을 축복해 주십니다. 과학적으로도 매일 과도하게 일하는 것보다 쉼을 갖는 것이 업무 효율을 높인다는 것이 증명되었다고 합니다. 그런데 이 안식일을 지키면서 물질적인 축복을 바란다면 이것은 과연 안식일을 거룩하게 지키는 일일까요? 하나님이 우리에게 안식일을 주신 것은 물질적인 부를 누리도록 하신 것이 아니라 거룩한 일을 위해 구별해 놓으신 것 아닙니까?

그래서 만나교회는 선교적인 고민을 하기 시작했습니다. 그렇게 시작한 것이 토요예배입니다. 교회 중심적인 사고로는 이해가 되지 않을 수 있습니다. 그러나 선교적 관점으로 봐야 합니다.

토요예배를 시작하고 기쁜 소식을 들었습니다. 교인 중 아파트 경비로 일하시는 분이 있는데, 이분들은 한 주는 일요일, 한 주는 토요일이 쉬는 날이라서 두 주에 한 번 밖에 예배를 드리지 못했습니다. 그런데 토요예배가 생기니 매주 예배를 드릴 수 있어 정말 기쁘다는 것입니다.

우리 주변에는 이렇게 주일을 제대로 쉴 수 없는 직업군이 많습니다. 이제 하나님 앞에 구별하여 드리는 이 예배를 '주일날 문을 닫으면 되지' 하고 단순하게 생각했던 사회가 아니라는 것입니다.

십계명을 이야기하며 계속해서 반복하는 말이 있습니다. 우리가 집중해야 하는 것은 '하지 말아라!' 하는 금지사항이 아니라 그 계명을 주신 '하나님의 마음'을 아는 것이 중요하다는 것입니다. 즉 제4계명 역시 우리가 쉬고 교회에 모여 예배를 드리는 것을 강조하기 이전에 혹시 우리 이웃이 안식일을 제대로 지키지 못하고 있지는 않는지 돌아보는 것, 거기에 중요한 하나님의 마음이 있는 것입니다.

우리가 하나님의 마음으로 안식일을 지키지 않을 때 그날을 주신 하나님의 마음이 굉장히 아프시지 않을까요? 안식일을 지킨다면서 철저하게 이기적이고 율법적인 정신이 우리에게 있다면 하나님은 아무리 우리가 거룩하게 예배를 드리고 봉사한다고 해도 '너 때문에 내 마음이 아프다' 하시지 않을까요?

이스라엘 유학 중인 사람이 예루살렘의 한 병원에 입원해 있었다고 합니다. 다른 날과 다름없이 간호사가 회진을 하는데, 그날은 유독 아랍인 보조 한 명을 함께 데리고 들어오더랍니다. 그러더니 혈압, 체온을 재면서 그 보조에게 기록하게 시키는 겁니다. 그날이 안식일이었기 때문이죠. 기록하는 것은 창조 행위이기 때문에 안식일에는 할 수 없다는 것입니다.

과연 이것이 하나님이 기뻐하시는 안식일의 모습일까요? 이 유대인 간호사는 안식일을 자 지켰을지 몰라요. 그런데 그가 간과했던 것이 있습니다. 자기가 데리고 들어온 아랍인 보조가 안식일을 지키는지에 관해서는 관심이 없었던 것입니다.

우리는 그동안 이런 설교를 많이 들어 왔습니다. "안식일을 지키십시오. 가급적 내가 섬기는 교회에서 지키십시오." 요즘 저는 해외 집회 갈 일이 많다 보니 선교지에서 주일을 보내는 때가 많습니다. 그렇다 보니 이런 설교를 잘 못하게 됐습니다. 행여 교인들이 '목사는 다른 곳에서 예배드리면서 우리에게만 여기에서 예배드리라고 할까?' 하고 생각할까 걱정이 되어서입니다.

과연 이런 일들, 괜찮은 걸까요? 이것은 안식일의 정신을 지키는 것이 아니라 교회의 제도를 지키는 것입니다. 교회에 얼마나 많은 사람이 나와 예배를 드리느냐 따지는 것은 우리의 안식일을 보는 관점이 인간적인 것에 있지 하나님께 있는 것이 아니라는 말입니다.

성전 자리가 많이 비어 있어도 여기 있는 사람들이 안식일을 거룩하게 지키고 하나님의 마음을 기쁘게 한다면 하나님은 기뻐하실 수 있습니다. 그런 믿음으로 우리가 안식일을 다시 보아야 하는 것이 아닐까요?

인간이란 쉬고 충전해야 하는 존재입니다

우리가 안식일을 이야기할 때 일주일 중 하루를 하나님께 드린다고 합니다. 우리가 세상 일을 내려놓고 쉼을 갖는다는 것은 곧 하나님과의 관계 속으로 들어간다는 말입니다. 즉 안식일은 하나님과 우리 사이의 관계를 물으시는 것입니다. 물론 우리가 주일을 지켜 교회에 나와 예배를 드리고 봉사하면 하나님이 인생에 많은 축복을 주시겠지만, 근본적으로 안식일을 지키는 이유는 이 모든 것들을 다 포기하고도 나의 피난처가 되시고 나의 힘이 되시고 나의 능력이 되시는 하나님을 의지할 수 있는가 하는 것입니다. 하나님만이 내 삶의 기쁨이라는 것을 고백하는 것입니다. 보상을 바라는 것이 아니라는 말입니다.

그래서 안식일을 거룩하게 지키라는 계명이 십계명의 중심, 제4계명에 자리 잡은 것이 아닐까 합니다. 하나님과의 관계에서 지켜야 할 항목과 인간관계에서 지켜야 할 항목 가운데에서 중심을 잡아 주는 것이죠.

안식일을 지켰더니 내게 찾아온 축복은 무엇일까요? 사업장을 하루 쉬었더니 물질의 축복이 왔다는 것이 아니라 우리가 신앙에 중심이 잡혔다는 것이 아닐까요? 그래서 이 안식일은 하나님과 우리 사이를 이어 주는 굉장히 중요한 계명의 말씀입니다. 우리는 하나님과의 교제가 이루어지지 않으면 중심을 잃고 살수밖에 없습니다. 중심을 잃으면 우리는 쓰러지게 되어 있습니다.

우리 신앙의 중심에는 안식일이 있어야 합니다. 안식일을 지키는 자는 절대로 넘어지지 않습니다.

> 하나님이 그 일곱째 날을 복되게 하사 거룩하게 하셨으니 이는 하나님이 그 창조하시며 만드시던 모든 일을 마치시고 그 날에 안식하셨음이니라 창 2:3

창조의 완성은 안식에서 시작했습니다. 모든 사역이 끝나고 축복에 이르렀습니다. 오늘날 기독교의 신앙이 본질을 벗어나고 있지는 않은지 생각해 보아야 합니다. 안식일이 우리에게 축복인 것을 알 때 비로소 그날이 거룩한 날, 귀한 날이 되지 않을까요?

안식일의 대상은 비단 인간이나 가축에만 해당하지 않습니다. 하나님은 땅도 7년째에는 쉬게 하셨습니다(레 25:4). 안식일을 거룩하게 지킨다는 것은 우리의 좁은 세계관을 넓게 변화시키고 있습니다.

요즘 '지구가 안고 있는 환경 문제들'이 아주 심각합니다. 미세먼지, 일회용품, 쓰레기 문제 등이 사회적인 이슈로 대두되고 있습니다. 지금까지 인류가 쉴 새 없이 실적, 이득, 이윤 창출만을 위해 달려온 결과입니다. 우리 사회의 환경 문제들은 바로 이 안식을 깨닫지 못하는 사람들 때문에 일어나는 일들입니다. 쉼으로써 당장 눈에는 수확이 적어 손해를 보는 것 같아도 그 땅이 영원히 건강을 유지해야 인간이 살 수 있습니다.

우리는 하나님 앞에서 안식하는 방법을 아는 신앙인이 되어야 합니다. 그런데 우리는 이상하게 쉼에 대해 죄책감을 갖는 사람이 많습니다. 저도 그럴 때가 있습니다. 많은 교인들이 주중에는 생업전선에서 일을 하다가 토요일, 주일에는 교회에서 봉사합니다. 그런데 목사인 저는 교인들이 일하러 나가는 월요일에 쉽니다. 그래서 쉬어도 마음이 불편해요. 그러면 저는 쉬고 나서 할 일을 만듭니다. 그래야 뭔가 죄책감에서 해방이 되곤 했습니다.

그런데 어느 날 깨달았습니다. 제가 쉬지 않으면 교인들이 힘들어지더군요. 힘들게 이 사역 저 사역 하다가 보면 항상 몸에 이상 신호가 와요. 그러면 주일예배에 건강하지 못한 상태로 말씀을 전하게 되는 것입니다. 과연 그런 제 모습을 하나님이 기뻐하실까요?

우리가 일하는 것, 봉사하는 것이 잘못이 아닙니다. 우리의 헌신이 교회로서는 참 많이 필요합니다. 그런데 문제는 하나님 앞에서 건강한 삶의 패턴을 만드는 것입니다. 물론 건강한 사람이 있는가 하면 약한 사람도 있죠. 모두가 건강할 수는 없습니다. 내 기준이 아니라 하나님 기준에서 건강한 것, 즉 우리가 삶에서 말씀과 영성으로 어떻게 충전해 나가고 있는가 하는 것이 굉장히 중요한 신앙생활입니다.

저도 지난 해 목회를 시작하고 18년 만에 처음으로 쉬는 시간을 가졌습니다. 물론 안식한다는 것이 아무것도 하지 않고 '논다'는 의미가 아닙니다. 안식을 통해 하나님과의 관계를 친밀히 하고 자신을 충전하는 시간, 칼날을 벼르는 시간을 갖는 것이죠. 물론 평신도로서 삶에서 시간을 뚝 떼어서 쉼을 가질 수 있는 상황에 있는 사람들이 얼마나 되겠습니까? 중요한 것은 우리가 하나님 앞에서 안식하는 삶의 패턴을 만들어 가야 한다는 것입니다.

충전되지 않는 사람, 자신의 용량을 넘어서는 과도한 일과 분노로 꽉 찬 사람은 주변 사람들에게도 피해를 주게 되기 때문입니다. 인간이란 쉬고 충전해야 하는 존재입니다. '내가 없으면 안 된다'라는 발상 자체가 비 신앙적이요, 이기적인 생각입니다.

하나님이 기뻐하실 일을 하십시오

루터의 〈소교리문답〉에 보면 안식일을 이렇게 규정합니다.

"Du sollst den Feiertag heiligen"

여기에서 'heiligen'이란 동사는 '어떤 것을 습관적인 흐름 속에서 끄집어낸다'라는 뜻을 가지고 있습니다. 즉 안식일이란 일상생활 속에서 구별하여 끄집어낸 날이라는 말입니다. 이것이 거룩이고 구별입니다.

그러면 이렇게 말할 수 있을 것입니다. "저는 일이 좀 바쁘니 수요일을 끄집어내겠습니다." "저는 토요일로 할게요. 그 날이 저한테 편해요." 그러나 자기 인생에 편의주의로 안식일을 삼는 것은 하나님이 기뻐하시지 않습니다.

쉬는 날을 영어로 'holiday'라고 합니다. 거룩한 날, 'holy day'가 언제부터인가 오락, 쾌락, 나만을 위한 날이 된 것입니다. 그러나 하나님이 주신 이 날을 개인적인 이유, 즐거움 때문에 쉽게 버려서는 안 됩니다.

> 1 그러므로 형제들아 내가 하나님의 모든 자비하심으로 너희를 권하노니 너희 몸을 하나님이 기뻐하시는 거룩한 산 제물로 드리라 이는 너희가 드릴 영적 예배니라 2 너희는 이 세대를 본받지 말고 오직 마음을 새롭게 함으로 변화를 받아 하나님의 선하시고 기뻐하시고 온전하신 뜻이 무엇인지 분별하도록 하라 롬 12:1-2

안식일을 거룩하게 지킨다는 것은 세상을 본받는 것이 아니라 하나님을 기쁘시게 하는 것입니다. 그렇다면 하나님은 무엇을 기뻐하실까요? 바로 영적 예배입니다. 어떤 사람은 예배를 소위 해치웁니다. 약속 장소에 가기 전에 서둘러 해치우고 본격적으로 자기 시간을 즐기는 것이죠. 물론 가족끼리 예배를 드리고 저녁에 식사를 하고 즐거운 시간을 보내는 것, 아주 권장할만한 일입니다. 그러나 "우리 예배 빨리 드리고 놀러가자!" 하지 말라는 거예요. 내가 예배를 해치우고 있지는 않은지, 분별이 필요합니다.

> 안식일에 예수께서 밀밭 사이로 지나가실 새 그의 제자들이 길을 열며 이삭을 자르니 24 바리새인들이 예수께 말하되 보시오 저들이 어찌하여 안식일에 하지 못할 일을 하나이까 막2:23-24

예수님은 거룩이 하나님의 뜻과 위배되는 것 때문에 안식일 논쟁을 자초하셨습니다. 당시 율법에 의하면 안식일에는 창조적인 일을 못하게 되어 있는데 바리새인들은 왜 당신과 제자들이 먹을 것을 위해 노동을 했느냐 합니다. 그러자 예수님은 "안식일이 사람을 위해 있는 것이지, 사람이 안식일을 위해 있는 것이 아니"라고 대답하십니다(막 2:27).

또한 예수님은 안식일에 손 마른 자를 고치신 일 때문에 힐난하는 바리새인들을 향하여 이렇게 말씀하셨습니다.

> 나는 자비를 원하고 제사를 원하지 아니하노라 하신 뜻을 너희

가 알았더라면 무죄한 자를 정죄하지 아니하였으리라 마 12:7

예수님은 안식일의 정신을 가르치고 싶으셨던 것입니다. "얘들아, 그날에 하나님의 마음이 어디 있는지 보아라. 일을 하고 안 하고가 중요한 것이 아니라 이웃을 사랑하며, 이웃을 위해 헌신하는 것, 그것이 하나님이 기뻐하시는 일이다."

우리는 주일에 참 많은 일을 합니다. 새벽부터 나와 주차 안내하고, 예배를 준비하고, 찬양 연습을 하기도 합니다. 수고와 헌신은 하나님이 기뻐하십니다. 그러나 이 헌신이 우리를 괴롭게 한다면 그것은 하나님이 기뻐하시지 않습니다. 우리는 헌신으로 인한 고통이 아닌 예배로 인한 기쁨의 자리로, 회복의 자리로 나와야 합니다.

제가 토요예배를 시작하면서 좋은 것이 생겼습니다. 저는 주일예배를 마음껏 드리기가 힘들어요. 마음껏 찬양하고 기도하고 싶은데, 그럴 수 없을 때가 많습니다. 그런데 토요예배를 시작하니 예배를 마음껏 드릴 수 있게 됐습니다. 봉사에 찌든 사람들이 토요예배에 와서 회복되면 좋겠습니다.

방향을 잃었을 때, 멈추는 것이 안식일입니다

사람들은 어떻게 하면 행복할지 고민합니다. 그래서 행복을 추구하지요. 그런데 정작 중요한 것은 거룩함에 있습니다.

1984년에 세상을 떠난 프란시스 쉐퍼 박사를 기억합니다. 쉐퍼 박사는 말년에 암으로 투병 생활을 합니다. 그는 암과 혹독하게 싸우면서도 아픈 몸을 이끌고 캠퍼스 사역에 나섰습니다. 그는 자신의 인생이 얼마 남지 않은 것을 알면서도 자기가 사랑했던 젊은이들에게 남기고 싶은 최후의 메시지를 피를 토하듯 외쳤습니다. 그가 외친 내용은 이상스런 것이었습니다.

"행복을 삶의 목표로 삼지 마십시오."

누구에게나 의아한 제목이었습니다. 그러나 그 의미는 이러했습니다. 미국 크리스천들의 문제는 '행복은 구하지만 거룩함은 구하지 않고 있다'는 것이었습니다. 프란시스 쉐퍼 박사의 메시지는 미국인들에게만 해당되는 메시지가 아닙니다.

한국 교회가 이 시대의 빛과 소금의 역할을 감당하지 못하는 이유는 축복과 행복은 구했지만, 거룩함은 구하지 않았기 때문이 아닐까 싶습니다. 오늘 이 시대의 크리스천 젊은이들은 꿈과 비전은 구하지만 거룩함을 구하고 있지 않습니다.

우리가 복 있는 사람이 되기 위해서는 꿈과 비전이 우선이 아닙니다. 행복과 축복이 우선이 아닙니다. 죄에 대해 애통하고 슬퍼하는 마음을 갖고 거룩한 삶을 추구할 때 복 있는 사람이 되는 것입니다.[5]

우리가 행복을 추구한다고 행복해질까요? 거룩을 상실한 행복은 타락입니다. 거룩함이 지켜질 때 그것이 우리에게 행복이 된다는 것을 알아야 합니다.

그래서 안식일에 쉴 때는 그냥 쉬기만 해서는 안 됩니다. 기억해야 합니다. 하나님이 우리에게 행하신 일, 우리가 엿새를 열심히 일해 온 것을 기억할 때, 안식일이 구별되고 거룩해지는 것입니다.

엿새 동안은 힘써 네 모든 일을 행할 것이나 출 20:9

안식일을 거룩하게 지키기 위해서는 엿새를 열심히 살아야 합니다. 그렇지 않은 사람에게 안식일은 특별한 의미가 없습니다. 우리가 엿새를 하나님 앞에서 믿음으로 열심히 살면 안식일을 구별하여 거룩하게 드리는 순간 그날은 '희생'이 아니라 '감사'가 됩니다. 우리에게 쉼을 주신 하나님께 감사하게 되며, 안식일뿐 아니라 모든 날을 주심에 감사하게 됩니다.

십일조와 비슷합니다. 십일조는 내 것의 십분의 일을 드리

---

5 고경환, 《세상을 이기는 힘》, 국민일보(제네시스21)

는 것이 아니라, 하나님이 주신 모든 것에서 십분의 일을 떼며 나머지 십분의 구도 하나님의 것이라는 고백을 하게 되죠. 그러면서 주신 모든 것에 감사하게 됩니다. 감사는 희생이 아니라 축복을 확신하는 것입니다. 안식일도 그렇습니다. 이것이야말로 안식일을 거룩하게 지키는 우리에게 하나님이 주시는 진정한 축복이 아닐까요?

그런데 우리는 왜 안식할 수 없을까요? 쉬어도 쉬는 것 같지 않다고 말할까요? 무엇이 문제일까요?

사람들이 쉬는 시간에 좋은 쉼을 갖는 것이 아니라 중독과 탐닉을 하기 때문입니다. 요즘 참 재미있는 것이, 여름휴가를 보내고 오면 쉬어야 한다고 말합니다. 노는 것이 힘든 거예요. 우리가 진정한 휴식이 무엇인지, 쉼이 무엇인지를 잃어버린 시대를 살아가고 있지는 않은지 생각해 봅니다.

저는 군대에서 훈련을 받던 때, 가장 힘들었던 순간을 기억합니다. 훈련의 대미를 장식하는 200km 행군인데, 행군이 시작되면 꼭 50분을 걷고 10분간 휴식을 합니다. 그런데 그때 가장 부러웠던 것이 담배를 피우는 신부님들이었습니다. 내뿜는 연기와 함께 피곤이 날아가는 것처럼 보였기 때문입니다.

그런데 실상 쉴 때 담배를 피우는 것이 얼마나 휴식에 도움이 되었을까요? 차라리 누워서 조용히 숨을 고르는 것이 훨씬 유익이 되지 않았을까요? 우리 주변에 보면 이런 휴식을 보내는 사람들이 있습니다. 인생의 숨을 고를 시간에, 주어진 황금 같은 시간에 오히려 몸을 해치는 사람들 말입니다.

우리는 내가 원하는 것, 내가 탐닉하는 것, 때론 중독된 것들이 나에게 쉼을 주리라고 생각합니다. 하지만 그것때문에 쉼을 빼앗기는 일들이 참 많습니다. 하나님이 기뻐하시는 일로 쉴 수 있을 때 우리는 귀한 쉼을 얻을 수 있습니다.

행군의 막바지에 이를 때 우리는 서로를 격려하며, 낙오하는 사람들의 짐을 대신 져 주기도 했습니다. 힘든 전우를 위해 구령을 맞춰 주기도 하고, 서로 군가를 부르며 격려하기도 했죠. 지금도 잊지 못하는 것이, 정말 힘들었던 순간에 친구 목사들이 뒤에서 4부로 화음을 넣어 찬양을 불러 주었던 것입니다.

> 메마른 땅을 종일 걸어가도 나 피곤치 아니하며
> 저 위험한 곳 내가 이를 때면 큰 바위에 숨기시고
> 주 손으로 덮으시네
> - 찬송가 446장, '오 놀라운 구세주'

쉼이란 단순히 뒤로 쳐져서 숨을 고르는 것과는 다릅니다. 스스로를 격려하는 시간이 필요하다는 것을 깨달았습니다.

살다가 보면 인생의 곤고한 날을 지나갈 때, 내가 해결할 수 없는 일들이 지나갈 때가 있습니다. 그저 두 손 놓고 흘러가는 시간에 나를 맡겨야 할 때가 오죠. 그럴 때 술, 담배, 마약과 같은 세상의 것들로 그 시간을 채우고 있지는 않습니까? 그럴 때 우리는 나를 지켜주시고 붙잡아 주시는 하나님을 바라봐야 합니다. 나를 이 자리에 있게 하셨고 앞으로도 인도하실 하나님을 믿으며 나아갈 때 그 시간은 고통의 시간이 아니라 쉼이 될 수 있습니다. 인생을 바라볼 때, 화가가 자신의 작품을 넓게 보기 위해 몇 발자국 떨어진 곳에서 바라보는 것과 같습니다.

운전을 처음 배울 때 빨간 신호등이 얼마나 거추장스러웠는지 모릅니다. 꼭 약속시간에 늦었을 때, 예기치 못한 장소에서 불쑥불쑥 나타나 거역할 수 없는 권위로 빨리 가고자 하는 나의 의지를 꺾어 놓곤 했죠. 그래서 우리는 빨간 신호등 앞에서 빨리 불이 바뀌기를 바라면서 초조해하곤 합니다.

그런데 언제부터인가 그런 생각을 하게 되었습니다. '만약 빨간 신호등이 없다면? 만약 모든 차들이 자신의 방향으로 무한 질주를 한다면?' 빨간 신호등의 존재와 가치를 인정하기 시작하면서 신호등 앞에서 초조함보다는 무엇인가를 살펴볼 수 있는 여유가 생기기 시작했습니다.

우리의 인생에서도 이렇게 생각해보면 어떻겠습니까? 장애물이라고 여겨지는 빨간 신호등이 켜졌을 때, 불쑥 나타나 한바탕 먼지바람을 일으키면서 때 아닌 눈물마저 흐르게 하는 사건들이 닥쳤을 때, 그 시간들이 무의미한 세월의 낭비만은 아니라는 사실을 깨닫게 될 것입니다. 오히려 잠시 머물러 서서 나 자신을 돌아보게 하시는 하나님의 빨간 신호등이라고 믿게 됩니다.

안식일은 바로 우리의 인생을 중지시켜 놓고 바라보게 만드는 중요한 날입니다. 일주일을 바로 살았는지, 이렇게 살아가는 것이 옳은 일인지, 앞으로 어떻게 살아가야 하는 지를 점검하는 것입니다.

혹여 사람들은 이 쉬는 기간 중에 내가 낙오되는 것이 아닌가 염려하는 사람들이 있을지 모릅니다. 인생의 빨간 신호등 앞에서 조바심이 나고, 이 시간이 인생의 장애라고 생각할 수 있습니다. 그러나 아무리 인생을 열심히 살아도 잘못된 방향으로 가고 있다면 비극이요, 빨리 중단해야 할 것입니다. 그리고 무엇보다 우리는 인생의 고비마다, 순간마다 하나님의 도우심이 필요한 존재가 아닙니까?

안식일의 쉼은 우리에게 잠깐이라도 일상을 떠나 보라고 명령합니다. 복잡한 일과 가운데서 여유를 잃고 살아가던 사람이 하나님과 대면할 수 있는 시간이기 때문입니다.

야곱은 절체절명의 위기에서 인생의 여정을 멈췄습니다. 창세기 32장은 야곱이 식구들을 모두 데리고 고향으로 돌아오는 장면입니다. 그런데 모든 재산을 가지고 금의환향 하는 순간, 그곳에는 어쩌면 자신을 죽일지도 모르는 형 에서가 버티고 있었습니다.

그런데 그때 야곱은 홀로 남았습니다(창 32:24). 얍복 나루에 혼자 남아서 전 재산과 식구들을 먼저 떠나보내고 혼자 고요한 시간을 가졌습니다. 그리고 하나님의 사람과 씨름하기 시작합니다.

하나님은 편재(偏在)하시는 분이십니다. 'omni-presence' 즉 어느 곳에나 계십니다. 그러나 어느 곳에나 계시는 하나님을 아무 곳에서 만날 수는 없습니다. 조용한 곳이 아니고는, 세상의 시끄러운 곳들을 떠나지 않고는 하나님을 만나는 것이 그리 쉬운 일이 아니기 때문입니다.

야곱은 잠시 가던 길을 멈추고 하나님의 사람과 씨름하던 그 시간 때문에 인생이 바뀌었습니다. 인생의 위기의 순간에 바보같이 혼자 남아 무엇을 하느냐고 비웃었을지 모르지만, 얼마나 치사한 인간이기에 가족들을 먼저 사지에 몰아넣고 혼자만 빠졌느냐고 비난할지 모르지만, 그 순간 야곱은 하나님과 대면하여 영적인 칼날을 갈고 있었던 것입니다.

어쩌면 이 시간은 시간이 정지해 버린 순간이 아니었을까요? 자신이 처한 환경으로부터 완전히 차단된 순간이 아니었을까요? 위기의 야곱에게 바로 이 순간이 필요했던 것입니다.

안식일은 우리 인생을 바꾸어 놓을 수 있습니다. 인생의 숨을 고르고, 안식일에 조용히 하나님을 묵상하십시오. 그리고 하나님과 조용한, 그러나 치열한 씨름을 경험하십시오. 야곱의 하나님이 우리의 하나님이 되실 것입니다.

나를 사랑하는 자들이 나의 사랑을 입으며 나를 간절히 찾는 자가 나를 만날 것이니라 잠 8:17

8

나 때문에 하나님이
조롱받고 있지는 않습니까?

　우리는 조금만 방심하면 정말 많은 실수를 저지를 수 있는 존재입니다. 살아가면서 의도와는 다르게 잘못된 언어를 사용하거나 상황에 맞지 않는 말들을 하면서 얼마나 곤혹을 치릅니까? 그런데 제3계명은 의식적이든 무의식적이든 하나님의 이름을 잘못 사용하여 하나님의 명예가 훼손되는 것은 아주 큰 죄라고 말씀하고 있습니다. 우리가 하나님의 이름에 대하여는 훨씬 더 주의 깊게 생각해야 한다는 것입니다.

> 너는 네 하나님 여호와의 이름을 망령되게 부르지 말라
> 여호와는 그의 이름을 망령되게 부르는 자를 죄 없다 하지 아니하리라
> 출 20:7

하이데거라는 실존주의 철학자는 "언어는 존재의 집이다"라는 유명한 말을 했습니다. 인간이 어떤 언어를 사용하느냐에 따라 그 사람이 어떤 사람인지가 드러난다는 말입니다. 하나님의 신실한 종이 되기를 원한다면 그 언어를 통하여 신실함이 나타나야 하는 것입니다.

그렇다면 하나님의 이름을 '망령되게 부른다'라는 말은 정확히 무엇을 의미할까요? '망령되다'는 말은 '정신이 흐려서 말이

나 행동이 정상적이지 않다'는 의미입니다. 영어 성경에서는 '망령되게'라는 말을 'vain'이라고 해석하고 있습니다. '헛되이' 혹은 '의미 없이' 라는 뜻입니다. 또한 공동번역이나 표준새번역 성경에서는 '함부로 부르지 못한다'고 해석하고 있습니다.

즉 '망령되게 부른다'라는 말은 하나님의 이름을 무가치하고 허탄하게 사용하거나, 거짓되고 악한 일에 사용한다는 뜻입니다. 무의식중에 하나님의 이름을 헛되이 사용하는 경우도 여기에 포함되는 것이죠.

언젠가 부흥회에 참석했는데, 부흥사가 "우리집 개가 어제 새끼를 낳았습니다. 할렐루야!" 하더군요. 그런데 그 말에 교인들은 습관적으로 "아멘" 했습니다. '할렐루야'는 '하나님을 찬양합니다'라는 인사입니다. 말의 의미가 굉장히 은혜롭습니다. 그런데 과연 개가 새끼를 낳은 일이 '할렐루야!' 하고 인사할 만한 일일까요?

영어권 지역에서는 흔히 어떤 상황에 놀랐을 때 'Oh my God!' 'Jesus Christ!' 하고 말합니다. 우리나라에서도 이 정도의 영어는 때때로 사용하곤 합니다. 그러나 너무 경솔하게, 습관적으로 하나님의 이름을 헛되게 부르고 있지는 않습니까?

> 우리가 다 실수가 많으니 만일 말에 실수가 없는 자라면 곧 온전한 사람이라 약 3:2

우리의 입으로 나오는 말로 하나님께 영광을 돌릴 수도 있고, 하나님의 이름을 더럽힐 수도 있습니다.

그러므로 '하나님의 이름'을 부를 때는 주의해야 합니다. 왜냐하면 그분의 이름 속에 그분의 존재가 들어있기 때문입니다.

이름에는
존재의 정체성이 있습니다

오늘 세 번째 계명은 우리가 이스라엘의 문화와 성경적 지식이 없으면 잘 이해가 되지 않을 수 있습니다. '이름을 함부로 사용하고 부르는 것이 뭐가 그리 큰 죄일까?' 라고 생각할 수 있기 때문입니다.

그러나 성경의 문화에 있어서 이름은 아주 특별한 의미를 가지고 있습니다. 이름 안에는 그 존재의 정체성이 명확하게 들어 있습니다.

히브리어로 하나님을 가장 성스럽게 부르는 말이 '여호와' 혹은 '야훼'입니다. 그런데 사실 이 발음도 정확하지는 않습니다. 유대인들은 거룩하신 하나님의 이름을 감히 부를 수가 없었기 때문에 여호와를 자음만으로(YHWY) 기록했습니다. 그래서 우리는 그 자음만 가지고 발음을 추측할 수밖에 없습니다.

유태 전승에 의하면, 그 해의 가장 신성한 날인 욤 키푸르(유태교의 대 축제일로 속죄의 날)에 단식하며 회당에서 종일 참회기도를 했는데, 대제사장만이 가장 성스러운 장소인 예루살렘 성전에서 하나님의 이름을 부를 수 있었습니다. 그때를 제외하고는 아무도 그 이름을 부를 수 없었죠. 왜냐하면 하나님의 이름은 말로 표현하기에는 너무나 거룩했기 때문입니다. 그래서 평소에 기도할 때나 토라를 읽을 때는 '아도나이'(주님)나 '하쉠'(그 이름)이라는 말로 대신했던 것입니다.

그들이 신의 이름에 대해 이렇게까지 생각한 이유를 성경에서 찾아볼 수 있습니다. 창세기에 보면 하나님이 아담에게 동물들의 이름을 짓도록 하십니다.

> 19 여호와 하나님이 흙으로 각종 들짐승과 공중의 각종 새를 지으시고 아담이 무엇이라고 부르나 보시려고 그것들을 그에게로 이끌어 가시니 아담이 각 생물을 부르는 것이 곧 그 이름이 되었더라 20 아담이 모든 가축과 공중의 새와 들의 모든 짐승에게 이름을 주니라 아담이 돕는 배필이 없으므로 창2:19-20

이름을 부른다는 것, 이름을 지어 준다는 것은 그것들에 대한 지배권이 있다는 것을 의미합니다. 즉 사람들이 하나님의 이름을 마음대로 부른다는 것은 하나님을 지배한다는 의미인 것입니다. 그러므로 이스라엘 백성은 하나님의 이름을 부른다는 것은 인간이 하나님을 인간의 뜻대로 움직이려고 하는 불순한 의도를 포함하고 있다고 이해했습니다. 마치 우상을 섬기듯이 마음대로 신을 조종하려고 하는 불순한 의도 말입니다. 이름을 함부로 부르지 못하게 한 것은 이러한 가능성을 애초에 차단하려는 의도입니다. 이 세 번째 계명이 깨어지면 하나님과의 관계가 깨어지는 것입니다.

성경에서는 하나님의 이름뿐 아니라, 사람의 이름을 부르는 데 있어서도 아주 중요한 의미를 부여합니다.

> 4 보라 내 언약이 너와 함께 있으니 너는 여러 민족의 아버지가 될지라 5 이제 후로는 네 이름을 아브람이라 하지 아니하고 아브라함이라 하리니 이는 내가 너를 여러 민족의 아버지가 되게 함이니라 창 17:4-5

하나님은 아브라함과 약속을 확증하시면서 이름을 아브람, 즉 '위대한 아버지'에서 '여러 민족의 아버지'로 고쳐 주셨습니다. 이제 네가 믿음의 조상이 될 자격이 있다고 인정하신 것입니다. 그리고 하나님의 백성이 되는 표징으로 할례를 받으라고 말씀하십니다. 아브람이 아브라함이 된 것은 단순히 이름이 바뀐 것이 아니라, 그의 인격과 전 생애 그리고 하나님과의 관계가 완전히 바뀌었음을 의미하는 것입니다.

이름을 불린다는 것이 얼마나 중요한 일인지 아십니까? 그래서 우리는 자녀를 낳으면 이름 짓는 일에 애를 씁니다. 저도 종종 교인들로부터 자녀의 이름을 지어 달라는 부탁을 받는데, 그럴 때마다 굉장한 부담감으로 고민하곤 합니다. 그 이름대로 아이가 커 나갈 것임을 알기에 그렇습니다. 이름은 곧 그의 정체성이라는 말이 이해가 되십니까?

그러니 하나님의 이름을 부른다는 것은 놀라운 그분의 성품을 고백한다는 말과 같습니다. 이것이 얼마나 중요한 일인지 알아야 합니다.

> 주 하나님이여 주께서 나의 서원을 들으시고 주의 이름을 경외하는 자가 얻을 기업을 내게 주셨나이다 … 그리하시면 내가 주의 이름을 영원히 찬양하며 매일 나의 서원을 이행하리이다
> 시 61:5, 8

시편 기자는 굳이 '여호와 하나님'이라고 해도 될 부분에 '주의 이름'이라고 반복해서 기록하고 있습니다. 다시 말하면 여호와의 이름에 여호와 하나님의 능력이 거한다는 말씀입니다.

성경에는 이밖에도 주님의 이름을 이야기하는 대목이 많습니다(요 10:25). 성령을 체험한 후 제자들 역시 '예수의 이름'으로 기적을 행했습니다(행 3:6). 그러므로 여호와의 이름을 망령되게 부르는 것은 곧 하나님을 무시하는 것이요, 그 이름을 높이는 것

은 곧 하나님께 영광이 되는 것입니다.

망령되게 부른다는 것이 무엇일까요?

제3계명은 1, 2계명과 아주 밀접하게 연결되어 있습니다. 첫 번째 계명이 유일무이한 하나님의 권위를 규정하고, 두 번째 계명이 이방 신의 권위를 부정한 것이라면, 세 번째 계명은 하나님의 거룩함과 신성한 본질, 그리고 하나님 이름 안에서 우리 서로 간의 책임을 가르쳐주는 것입니다.

그렇다면 어떤 것들이 하나님의 이름을 망령되게 부르는 것일까요?

첫째, 하나님의 존재와 능력을 부정하는 것입니다.

하나님을 믿는 것 때문에 어려움을 당할 때가 있습니다. 직장 상사로부터, 또는 동료로부터 기독교인이라는 이유로 갖가지 비난을 듣기도 하고, 하나님의 이름을 조롱하는 사람들을 만나기도 합니다. 사소한 실수가 용납되지 않을 때도 있죠. 크리스천이라는 이유로 말입니다. 신앙생활을 하는 사람들에게 얼마나 힘든 세상이 되었는지 모릅니다.

한번은 TV를 보는데, 유명한 철학자가 나와 자신의 주관적인 경험과 정말 편협하고 일방주의적인 세계관을 가지고 기독교를 조롱하는 것을 보았습니다. 그것을 들으며 박장대소하는 관중

들의 모습이 그대로 방영되는 것을 보고 어찌나 화가 났는지 모릅니다.

> 악인은 그의 교만한 얼굴로 말하기를 여호와께서 이를 감찰하지 아니하신다 하며 그의 모든 사상에 하나님이 없다 하나이다
> 시 10:4

우리가 흔히 '명예훼손'이라는 말을 많이 합니다. 비방받을 일이 전혀 없는 사람을 허위로 헐뜯는 것입니다. 우리는 늘 선거 때가 되면 소위 '흑색선전'이라는 것을 경험합니다. 선거를 치르는 내내 상대방 후보에 대한 온갖 비방이 난무하고 거짓 고소가 판을 칩니다.

그런데 법적으로 일단 신고가 들어오면 그 신고 내용이 진실이 아니더라도 무죄가 입증될 때까지 조사를 받아야 한다는 것입니다. 그래서 어떤 사람은 선거를 치르는 내내 조사를 받느라 시달려야 하고, 때로는 그러한 이유 때문에 선거에서 지기도 합니다. 결국은 허위 신고인 것이 드러나지만, 의심을 받는 동안의 고통은 이루 말할 수 없을 것입니다.

우리가 하나님의 이름을 망령되게 부르면 하나님의 명예를 훼손하게 되는 것입니다. 이렇게 큰 죄가 또 있겠습니까? 결국 시간이 지나면 하나님의 역사와 존귀하심이 드러날 것입니다. 그

러나 하나님의 존재와 능력을 부인하는 인간의 말들 때문에 하나님의 명성에 피해가 간다면 이것이야말로 하나님 앞에 커다란 죄가 아니겠습니까?

물론 반 기독교적인 사람들에 의하여 하나님의 이름이 조롱을 받을 수도 있지만, 어떤 경우는 우리의 잘못 때문에 믿지 않는 자들로부터 하나님의 이름이 조롱받을 때도 있습니다. 크리스천으로서 그런 일이 없도록 조심해야 합니다.

영적으로 보면 기독교가 박해기를 맞이하고 있다는 생각을 하게 됩니다. 얄팍한 지식이 하나님의 이름을 조롱하고 있습니다. 그런데 이런 일들이 요즘에만 있었던 일들은 아닌 것 같습니다.

> 4 우리는 우리 이웃에게 비방 거리가 되며 우리를 에워싼 자에게 조소와 조롱 거리가 되었나이다 5 여호와여 어느 때까지니이까 영원히 노하시리이까 주의 질투가 불붙듯 하시리이까
> 시 79:4-5

우리가 기억해야 하는 것은, 하나님은 이러한 자들을 죄 없다 아니하시리라는 것입니다. 하나님의 심판이 무섭게 임하게 되어 있습니다.

둘째, 하나님의 이름으로 거짓 맹세하는 것입니다.

몇 년 전 어떤 분이 저에게 찾아와서 돈을 꾸어 달라고 했습

니다. 그분은 신실하게 꼭 갚겠다고 했지만 지금은 교회를 나오지 못하고 있습니다. 약속을 지키지 못한다는 것이 우리를 얼마나 민망하게 만드는 지 아십니까? 결국 자신이 한 약속 때문에 하나님을 저버릴 수도 있습니다.

> 너희는 내 이름으로 거짓 맹세함으로 네 하나님의 이름을 욕되게 하지 말라 나는 여호와이니라 레 19:12

우리는 흔히 자신의 결심이나 주장에 권위를 부여하기 위해서 하나님의 이름을 사용하는 경우가 있습니다. "에이, 하나님 믿는 사람이 그럴 리 있겠습니까?" 하며 자신의 신실함을 증명하는 것이죠.

그러나 사람은 연약한 존재이기에 예상할 수 없는 환경이나 변화에 쉽게 넘어집니다. 잘 생각해 보세요. 우리가 해왔던 수많은 약속들. 그 약속을 어김없이 지킬 수 있었던가요? 순수했던 의도와는 달리 하나님의 이름까지 모욕하고 있지는 않습니까?

> 그들이 여호와께서 살아 계심을 두고 맹세할지라도 실상은 거짓 맹세니라 렘 5:2
>
> 33 또 옛 사람에게 말한 바 헛 맹세를 하지 말고 네 맹세한 것을 주께 지키라 하였다는 것을 너희가 들었으나 34 나는 너희

에게 이르노니 도무지 맹세하지 말지니 하늘로도 하지 말라 이는 하나님의 보좌임이요 마 5:33-34

크리스천은 약속을 지키기 위해 노력해야 합니다. 하나님 앞에서나 사람들 앞에서 신실해야 합니다. 그러나 약속대로 할 수 없는 약함이 있습니다. 자신의 의지와 상관없이 약속을 지키지 못하는 것이 인간입니다. 그렇기 때문에 하나님의 이름으로 맹세를 하는 것은 우리의 교만입니다. 자신을 과신하는 것입니다. 인간은 인간입니다. 우리는 늘 하나님 앞에서 겸손하게 자신을 돌아보아야 합니다.

셋째, 자신의 이익을 위해 믿음 없이 하나님의 이름을 부르는 것입니다.

우리가 흔히 열심히 살아 온 것에 대한 보상을 받지 못하면 하는 말이 있습니다. "하나님, 저한테 왜이러십니까?" "나는 하나님 잘 믿고 살았는데, 왜 나에게 이런 일이 일어나야 하나요?" 하지만 잘 생각해 보세요. 과연 우리에게 일어난 좋지 않은 결과들이 하나님 때문일까요? 아니면 우리의 잘못된 삶에 대한 책임일까요?

우리는 많은 부분에서 나의 잘못된 결정 때문에 나타난 현상을 하나님 탓으로 돌릴 때가 많습니다. 예를 들어 신앙생활을 열심히 한 학생이 있습니다. 그 학생은 많은 봉사와 헌신으로 교회를 섬겼죠. 그런데 시험을 잘 못 봤습니다. 그리고 원하는 대학에도 가지 못했습니다. 왜 그랬을까요? 그것은 하나님 때문이 아니라 공부를 하지 않았기 때문이에요.

하나님의 일을 열심히 하느라고 공부를 소홀히 했다면 그 책임이 자신에게 있는 것이지 하나님에게 있지 않습니다. 신앙생활을 열심히 하기 위해 직장을 빠지고 일을 소홀히 했다면 당연히 진급에서 누락될 것입니다. 하나님의 일을 하느라고 의무를 소홀히 했다면 바로 그것으로 인해 하나님의 명성에 욕을 더하는 것입니다.

혹시 지금 나는 하나님의 이름을 들어 시험하고 있지는 않습니까? 나의 목적과 이익을 이루기 위해 하나님의 이름을 부르고 있지는 않습니까?

> 이에 돌아다니며 마술하는 어떤 유대인들이 시험삼아 악귀 들린 자들에게 주 예수의 이름을 불러 말하되 내가 바울이 전파하는 예수를 의지하여 너희에게 명하노라 하더라 행 19:13

바울이 고린도를 거쳐 에베소에 이르러 복음을 전할 때 많은 기적이 나타났습니다. 그러자 마술 하던 자들이 시험적으로 예수의 이름을 불러 악귀를 쫓아내려고 했습니다. 그런데 악귀가 말하는 것을 보십시오.

> 15 악귀가 대답하여 이르되 내가 예수도 알고 바울도 알거니와 너희는 누구냐 하며 16 악귀 들린 사람이 그들에게 뛰어올라 눌러 이기니 그들이 상하여 벗은 몸으로 그 집에서 도망하는지라
> 행 19:15-16

믿음이 없는 자들로 인하여 하나님의 이름이 수치를 당하는 순간입니다. 하나님의 이름이 믿음이 있는 자들의 입술을 통하여 선포될 때 능력이 나타나는데, 거짓된 자들로 인하여 이름이 망령되게 불려진 것입니다.

지금도 우리 주변에서 예수를 믿는다고 하지만 그들의 행위 때문에 하나님의 이름이 존귀케 되지 못하는 경우들을 봅니다. 하나님의 이름을 빌어 헛된 행위를 하는 것이죠. 어떤 집회에 가면 목사가 기도를 하다가 사람들을 쓰러뜨린다고 합니다. 아마도 하나님의 능력이 나타났다는 것을 보여주려는 의도일 것입니다.

물론 하나님의 이름은 능력이 있기에 사람을 살리시기도 하고, 죽이시기도 합니다. 쓰러뜨리시기도 하며, 일으켜 세우시기도 합니다. 그런데 문제는 집회에서 사람을 쓰러뜨리는 것이 하나님을 시험하는 일이 되면 안 된다는 것입니다. 쓰러지고 일어나는 것이 문제가 아니라, 하나님의 능력이 임했으면 변화가 일어나야죠. 쓰러지고 나서 인격적 변화가 일어나지 않는다면 그것이 무슨 소용입니까? 결국 하나님의 이름을 망령되게 부르는 자

가 되는 것입니다.

그런 것에 현혹되지 마십시오. 우리가 바르게 살지 못하므로 인하여 하나님의 이름을 욕되게 할 수 있음을 알아야 합니다. 바울의 능력은 그가 하나님의 능력을 신실하게 믿을 때 나타난 현상들입니다. 똑같은 주의 이름이 시험하는 자들을 통해서는 능력으로 나타나지 않습니다. 하나님은 시험하는 것을 가장 싫어하십니다.

또 종교 지도자와 관련된 추문들 때문에 하나님의 명성에 치명타를 가하는 일들도 있습니다. 몇 년 전 미국의 유명한 텔레반젤리스트(Tele Evangelist, TV 복음전도사) 중 한사람은 방송을 통해 얼마만큼의 헌금이 나오지 않으면 하나님이 자신의 생명을 빼앗을 것이라고 공개적으로 말했습니다. 결국 그가 원하는 만큼의 헌금은 들어오지 않았고 하나님의 손에 목숨을 잃지도 않았습니다. 그러나 결국은 하나님의 이름에 먹칠을 한 것이지요.

진정한 신앙인의 자세는 무엇일까요? 하나님을 향한 믿음을 가지고 세상의 가치를 포기하는 것 아닐까요? 신앙을 지키기 위해, 하나님께 귀한 시간과 돈을 구별하여 드린 것 때문에 남들보다 더 힘들게 노력하고 있다면, 틀림없이 하나님은 그런 사람을 도우실 것입니다. 왜냐하면 그래야 하나님이 영광을 받으실 것이기 때문입니다.

그러나 반대로 의무를 소홀히 하는 우리의 무책임한 삶 때문에 하나님의 이름에 먹칠할 수 있다는 것을 기억하십시오. 하나님은 그 죄를 없다하지 않으실 것입니다.

하나님의 이름을
거룩히 여기며 살고 있습니까?

구약의 법이 부정적인 의미에서 '금지법'이었다면, 신약 시대에서는 긍정적인 의미에서의 '실천법'이라고 할 수 있습니다. 즉 십계명에서는 부정적인 의미로 '여호와의 이름을 망령되게 부르지 말라'고 되어 있는 계명이 예수님이 가르쳐 주신 주기도문에서는 '당신의 이름이 거룩히 여김을 받으시오며'라는 긍정적 표현으로 되어 있다는 말입니다.

> 그러므로 너희는 이렇게 기도하라 하늘에 계신 우리 아버지여 이름이 거룩히 여김을 받으시오며 마 6:9

즉 제3계명은 하나님의 이름이 거룩히 여김을 받도록 살라는 명령이라 할 수 있습니다. 즉 우리의 삶에서 하나님의 이름이 인정되도록 살라는 것입니다. 어떻게 하면 그런 삶을 살 수 있을까요?

우리는 '하나님의 이름'이란 바로 '하나님의 존재'요 '하나님의 능력'이라는 것을 배웠습니다. 그러므로 하나님의 이름이 거룩히 여김을 받도록 한다는 것은, 우리의 삶에서 구체적으로 하나님의 능력을 체험하면서 산다는 것을 의미합니다.

'축복'이라는 히브리어 단어는 '무릎'이라는 말에서 파생되었습니다. 무릎은 하나님을 향한 존경으로 등을 굽히거나 절을 하는 것을 말하죠. 결국 축복이란 하나님께로 나와 자복하고 순복하며 인정하는 것입니다. 하나님의 이름 앞에 무릎을 꿇는 것이 축복된 삶을 사는 것이라 할 수 있습니다.

고대의 랍비들은 하나님에게 먼저 감사하지 않고 밥을 먹는 것을 일종의 도둑질이라고 생각했다고 합니다. 음식은 하나님이 주신 것이므로 그 대가로 그것을 인정하고 감사하는 마음을 가지는 것이죠. 그래서 유대인들은 보편적으로 '만물의 왕이시여, 땅으로부터 빵을 주신 여호와 하나님, 우리에게 축복하소서' 하고 식사 기도를 합니다.

이것은 모든 삶에 있어서 여호와 하나님의 주권을 인정하는 것입니다. 그리고 그 이름이 드러나도록 하는 것입니다. 우리는 모든 일상 속에서 하나님의 이름이 드러나도록 기도해야 합니다. 세속적이고 일상적인 모든 일들에 대하여 축복해야 합니다.

모든 삶에서 기도하는 것, 그리고 그 기도가 하나님의 이름을 망령되게 부르는 기도가 아니라 하나님의 주권을 인정하는 기도가 되게 하는 것! 그럴 때 평범한 우리의 일상이 특별하게 변합니다. 마침내 거룩한 하나님의 나라로 우리를 끌어올리는 것입니다. 이것이 하나님이 우리를 당신의 형상대로 만드신 이유입니다.

그런데 우리의 기도는 어떻습니까? 보통 두 가지 기도를 많이 하죠. 하나는 하나님을 찬양하는 것이고, 다른 하나는 무언가를 부탁합니다.

하나님께 부탁하는 기도 중 아주 당혹스러운 경우를 생각해 볼까요? 어떤 교회는 월드컵을 하면 우리나라가 꼭 이기게 해달라고 성도들이 성전에 모여 기도한다고 합니다. 그런데 과연 이 기도를 하나님이 들어주실까요? 하나님을 스포츠 경기 결과에 영향을 미치는 코치 정도로 생각하는 겁니까? 만약 그렇다면 기도의 본질을 떨어뜨리고 하나님의 이름을 헛되게 하는 것입니다.

하나님은 축구의 승부를 결정짓는 것보다는 그것을 통해 나타낼 놀라운 뜻을 가지고 계신 분이세요. 지난 2002년 월드컵을 기억하십니까? 그때 하나님은 기가 막히게 축구를 사용하셨습니다. 우리 선수들의 선전, 터키와 치렀던 경기, 결승전에서 옷을 벗고 예수 그리스도를 찬양하던 브라질 선수들의 모습 등, 하나님의 이름과 존재를 인정하면서 바라본 월드컵은 정말 놀라운 하나님의 작품이었습니다.

월드컵이 마무리되어 갈 때쯤 터키의 한 선교사로부터 편지를 받았습니다. 당시 우리는 3, 4위 전에서 터키와 만나 경기를 치렀죠. 비록 우리가 지고 터키가 우승하기는 했지만, 그 결과 터키 사람들은 '터키와 한국은 형제(Dost)다'라고 하며 한국 사람들에게 깊은 감사를 표했다고 합니다. 편지에는 월드컵을 통해 선교의 문이 열리게 된 놀라운 간증이 담겨 있었습니다. 만일 우리 기도처럼 한국이 이기기만 했다면, 놀라운 하나님의 역사를 볼 수 있었을까요?

매 삶의 순간 하나님의 이름을 인정하면, 순간마다 축복된 삶을 누리게 됩니다. 하나님의 뜻이 완전하다는 믿음으로 인해, 우리가 하나님의 이름을 부르는 것으로 인해 하나님을 영광스럽게 만들어야 합니다.

> 우리가 알거니와 하나님을 사랑하는 자 곧 그의 뜻대로 부르심을 입은 자들에게는 모든 것이 합력하여 선을 이루느니라
> 롬 8:28

제가 자주하는 말이 있습니다. 우리의 인생을 '사건 중심'으로 보지 말고 '과정'으로 보자는 것입니다. 언젠가 장경동 목사님이 설교하면서 이런 표현을 했습니다. "인생은 끊어서 보지 말고 통자로 보아야 한다."

인생을 끊어서 보면 비극이 있고 나락을 경험하는 것 같아도 우리의 모든 인생이 하나님의 뜻 안에서 이루어지고 있다는 것이지요. 아주 재미있는 예를 들었는데, 영화를 보면서 관객들이

놀라는 이유는 영화의 스토리를 모르기 때문이라고 합니다. 감독이 영화를 본다면 절대로 놀라지 않을 것입니다. 왜냐하면 그 영화의 모든 내용을 알기 때문입니다.

바로 그렇습니다. 하나님은 우리 인생의 과거와 현재와 미래를 아시는 분이요, 이미 그 선한 뜻을 작정해 놓으신 분입니다. 단지 미래를 알지 못하는 우리 인간들이 놀라고 두려워한다는 것이지요.

하나님의 이름을 거룩히 여기는 자들은 눈앞에 어려움이나 이득 때문에 조바심을 내지 않습니다. 왜냐하면 하나님의 이름에 능력이 있음을 믿기 때문입니다. 그러므로 우리 인생의 내일을 알지는 못하지만, 하나님의 이름을 존귀하게 여기고 믿기에 떨지 않으리라고 작정한다는 것이지요.

"믿음이 없는 자는 자신이 놀라고, 믿음이 있는 자는 하나님을 놀라게 한다"는 말이 있습니다. 참으로 멋있는 말입니다. 하나님의 이름을 거룩히 여기는 자는 자신의 삶을 의지하지 않습니다. 하나님의 이름 때문에 일어나는 놀라운 일들을 기대하며 살아갑니다.

하나님의 신실하심은 그분의 자녀가 얼마나 믿을 만한가에 따라 좌우되지 않습니다. 심지어 우리에게 도무지 신뢰할 만한 구석이 없을지라도 주님은 한결같이 신실하십니다.

설혹 우리가 용기를 잃어버린다 해도 주님은 여전하십니다. 하나님은 바로 그 연약한 인간을 들어 역사를 이루셨습니다. 하나님은 백성들이 다 포기한 순간까지도 여전히 그들을 놓지 않으십니다.

제자들이 기도를 멈췄을 때도 예수님은 여전히 기도하셨습니다. 제자들은 하나님을 바라보지 않았지만, 예수님은 아버지를 간절히 찾았습니다. 제자들이 연약할 때 예수님은 강하셨습니다. 제자들에게 믿음이 없을 때 예수님은 믿음을 보이셨습니다.

하나님의 위대하심은 우리의 연약함을 초월하십니다. 사실 인간의 연약함은 하나님이 얼마나 위대한 분이신지를 잘 드러냅니다. 하나님은 항상 신실하십니다. 그분의 자녀가 도무지 미덥지 못할 때에도 마찬가지입니다.[6]

주님의 이름을 신실하게 부르는 자들에게 주시는 축복이 있습니다. 그분의 능력이 임한다는 것입니다. 내가 오늘 하나님의 이름을 부를 수 있는 것, 그것이 저주가 아니라 축복이 되도록 사는 것, 그것이 오늘을 살아가는 우리에게 제3계명을 주신 하나님의 진정한 뜻이 아니겠습니까?

■
6 맥스 루케이도, 《형통한 날의 은혜》, 좋은씨앗

두려워하지 말라 내가 너와 함께 함이라 놀라지 말라 나는 네 하나님이 됨이라 내가 너를 굳세게 하리라 참으로 너를 도와 주리라 참으로 나의 의로운 오른손으로 너를 붙들리라

사 41:10

9

얽매여 있다면
교회도 우상입니다

일본의 신학자 중에 우찌무라 간조라는 성서학자가 있습니다. 그는 신학을 공부하기 위해 미국에 갔다가 교회에 대한 불만을 품고 무교회주의자가 되었다고 합니다. 종교개혁자 루터 역시 성경을 연구하다가 가톨릭교회와 등을 지게 되었죠. 신기한 현상입니다. 성서를 깊이 연구하다 보니 교회를 외면하게 되었다는 것이 말입니다.

그런 생각을 해봅니다. 우리가 섬기고 있는 지금의 교회가

4 너를 위하여 새긴 우상을 만들지 말고 또 위로 하늘에 있는 것이나 아래로 땅에 있는 것이나 땅 아래 물 속에 있는 것의 어떤 형상도 만들지 말며 5 그것들에게 절하지 말며 그것들을 섬기지 말라 나 네 하나님 여호와는 질투하는 하나님인즉 나를 미워하는 자의 죄를 갚되 아버지로부터 아들에게로 삼사 대까지 이르게 하거니와 6 나를 사랑하고 내 계명을 지키는 자에게는 천 대까지 은혜를 베푸느니라

출 20:4-6

하나님의 말씀을 따르기 위해 세워진 공동체라는 처음 마음 그대로 가고 있는가! 그렇지 않으면 어느 순간 주객이 전도되어 공동체와 건물을 유지하기 위해 하나님 말씀을 이용하고 있지는 않은가! 하나님의 마음이 있는 교회가 되어야 하는데, 교회를 지키기 위해 하나님의 마음을 잃어버리고 있지는 않은가! 교회라는 우상에 우리가 빠지고 있는 것은 아닌가!

십계명의 두 번째 계명은 '우상을 만들지 말라'는 것입니다.

그런데 때로 우상이 하나님의 모습을 하고 우리에게 옵니다. 우리는 우상을 가리켜 '하나님'이라고 말하고, '하나님의 생각'이라고 말하고, '하나님의 뜻'이라고 말하는 것이죠. 그래서 우상이 무엇인지를 구별하는 것이 참 힘듭니다. 그러므로 제2계명은 진실한 신앙을 지키기 위해 우리가 끊임없이 싸워야 하는 내면의 전쟁 같은 것이 아닐까 하는 생각이 듭니다.

'우상'은 하나님 아닌 것을 하나님처럼 여기기 시작할 때 탄생합니다. 그런 의미에서 또 다른 형태의 우상이 지금 우리를 위험에 빠트리고 있습니다.

> 오늘날의 교회에서 영웅 숭배가 많이 일어나는 것 같아 걱정 된다. 메시지 전달자를 자꾸 크게 만드니까 메시지가 작아진다. 원래는 메시지의 그늘에 가려 메시지 전달자가 보이지 않는 것이 정상이다. … 우상숭배에는 두 종류가 있다. 하나는 신상을 만들어 놓고 그 앞에 무릎 꿇는 노골적인 숭배다. 이것은 적어도 솔직한 우상숭배라고 볼 수 있다. 또 다른 하나, 마음의 우상숭배보다 많다. 이것은 머릿속에서 자신이 원하는 대로 하나님을 만들어 낸 후 진짜 하나님을 숭배하는 것이다. 하나님이 아닌 하나님을 경배할 바에는 차라리 노골적으로 피조물을 경배하는 것이 낫다.[7]

■
7 A. W. 토저, 《하나님을 향한 열정》, 규장

하나님을 내 생각의 틀에
가두지 마십시오

출애굽기 32장에 보면 모세가 십계명을 받으러 산에 올라가 있는 동안 이스라엘 백성이 우상을 만드는 장면이 나옵니다.

> 백성이 모세가 산에서 내려옴이 더딤을 보고 모여 백성이 아론에게 이르러 말하되 일어나라 우리를 위하여 우리를 인도할 신을 만들라 이 모세 곧 우리를 애굽 땅에서 인도하여 낸 사람은 어찌 되었는지 알지 못함이니라 출 32:1

인간들이 자꾸 형상을 만들려는 이유는 불안한 마음 때문입니다. 이스라엘 백성은 산에 올라간 모세가 늦어지자 불안해졌고, 아론에게 '우리를 인도할 신'을 만들라 재촉합니다.

그러자 아론은 백성들의 금 고리를 가져다가 부어 송아지의 형상을 만들고는 "이스라엘아 이는 너희를 애굽 땅에서 인도하여 낸 너희의 신이로다"(4절)라고 선포합니다. 지금 이스라엘은 다른 신들에 대한 형상이 아니라, 바로 하나님의 모습을 형상화하길 바라고 있습니다.

이에 하나님이 진노하셔서 이렇게 말씀하십니다.

> 8 그들이 내가 그들에게 명령한 길을 속히 떠나 자기를 위하여

송아지를 부어 만들고 그것을 예배하며 그것에게 제물을 드리며 말하기를 이스라엘아 이는 너희를 애굽 땅에서 인도하여 낸 너희 신이라 하였도다 9 여호와이 또 모세에게 이르시되 내가 이 백성을 보니 목이 뻣뻣한 백성이로다 10 그런즉 내가 하는 대로 두라 내가 그들에게 진노하여 그들을 진멸하고 너를 큰 나라가 되게 하리라 출 32:8-10

왜 하나님은 당신의 형상을 만드는 것에 대하여 그렇게 진노하셨을까요?

8절에 보면, 하나님은 "내가 그들에게 명령한 길을 속히 떠나 자기를 위하여 송아지를 부어 만들"었다고 하십니다. 즉 이스라엘이 우상을 만든 이유는 하나님의 법을 따라 살기를 거부한 것이라 할 수 있습니다. 이들이 원했던 것은 좀 더 가시적이고 현실적이며 상식적인 하나님을 원했던 것이지요. 한마디로 인간들이 자기가 이해할 수 없는 것에서 벗어나기 위해, 자기들이 원하는 방식대로 하나님을 섬기기 위해 하나님의 형상을 만들어 놓았다는 것입니다.

이렇게 하나님의 모습을 형상화한 것은 아주 다분히 자기편의주의적인 발상입니다. 인간들은 주로 이것을 '전통'이라는 이름으로 표현하기도 하지요.

가끔 어린아이들이 던지는 질문 중에 가장 대답하기 어려운 것이 있습니다. "하나님이 세상을 만들었다면, 하나님은 누가 만들었어요?" 혹은 "하나님은 어떻게 생기셨어요?"라는 질문입니다. 이것이 인간의 속성입니다. 하나님의 형상이 보여야 편안하고, 그래야 내가 하나님을 좌지우지할 수 있다고 믿는 것입니다.

우리의 문제는 자꾸 하나님을 우리 생각 속에 가두려고 하는 것입니다. 그러나 편협한 인간의 언어로 하나님의 신비를 제대로 소개할 수 있습니까? 단지 우리가 경험한 것들로 하나님은 이런 분이라고 정의할 수 있습니까? 내 경험이 하나님의 전부인 것처럼 제한하여 생각하고 있지는 않습니까?

하나님이 처음으로 자신에 대하여 묘사한 부분이 있습니다. 모세가 하나님께 부르심을 받아서 만나게 되었을 때입니다. 그때 하나님은 "나는 스스로 있는 자이니라"(출 3:14)라고 말씀하십니다. 이것이 곧 '여호와'라는 말의 뜻이기도 합니다. 즉 하나님은 과거에도 계셨고 현재에도 계시고 미래에도 계속 존재하시는 분이라는 말입니다. 우리가 알지 못해도, 깨닫지 못해도, 경험해 보지 못했어도, 하나님의 역사가 무궁무진하게 일어날 수 있음을 인정하라는 것입니다.

성 어거스틴은 삼위일체 하나님에 대하여 결국은 '신비'라고 결론을 지었습니다. 중세 철학자인 안셀름(Anselm)은 하나님에 대하여 "우리가 최고를 생각할 수 있는 그 이상의 존재"라고 정의하기도 했습니다. 결국 어떤 것에도 제한을 받지 않으시는 분이라는 뜻입니다.

즉 제2계명을 현대의 말로 풀어 보면 "네 방식대로 하나님을 예배하거나 믿지 말라!"는 것입니다. 우리의 잘못된 신앙의 틀을 교정하라는 계명입니다.

이러한 문제는 예수님 당시에도 그대로 제기 되었습니다. 예수님이 수가성 여인에게 하신 말씀이 바로 그것입니다.

> 23 아버지께 참되게 예배하는 자들은 영과 진리로 예배할 때가 오나니 곧 이때라 아버지께서는 자기에게 이렇게 예배하는 자들을 찾으시느니라 24 하나님은 영이시니 예배하는 자가 영과 진리로 예배할지니라 요 4:23-24

유대 사람들은 하나님을 예루살렘에서, 사마리아인들은 그들의 산에서 예배한다고 했지만, 진정한 예배는 '신령과 진정으로 드려지는 것이다'라는 말씀입니다. '하나님은 너희의 경험에 의하여 어느 장소에 국한되는 분이 아니다'라는 말씀입니다. 즉 예루살렘 성전이 만들어지기 전에도 하나님은 계셨고, 예루살렘 성전이 없어져도 영원히 계시는 하나님이라는 말입니다.

그러므로 너희를 위하여 우상을 만들지 말라는 말씀은, 신령과 진정으로 하나님을 만나는 경험이 첫 번째이지, 어떤 형식에 얽매이는 분이 아니라는 사실입니다.

어떤 교회에서 목사님이 취임을 한 후에 피아노를 옮기고 싶었답니다. 그래서 예배에 사용되는 피아노의 위치를 바꾸어 놓았더니 그다음 주에 '당신이 뭔데 오자마자 피아노를 바꾸느냐'고 난리가 났답니다. 그래서 이 목사님은 원위치로 피아노를 돌려놓고 매 주일 10cm 씩 옮기기 시작했답니다. 그랬더니 1년 만에 원하는 자리로 피아노가 옮겨졌습니다. 그런데 아무도 말하는 사람이 없었다고 합니다.

또 다른 교회에서 있었던 이야기입니다. 교회의 강단을 리모델링하면서, 강단의 기둥을 자르게 되었답니다. 그런데 그 교회 장로님 중에 한 분이 그 기둥을 부여잡고 통곡을 하더랍니다. 장로 안수를 받던 때 그 기둥을 부여잡고 이런 기둥과 같은 장로가 되게 해달라고 기도를 했었는데, 이제 그 기둥이 없어진다는 말을 듣고는 혼자 강단에 가서 그 기둥을 부여잡고 우셨답니다. 그런데 그 장로님이 훌륭한 것은 다음 세대를 위한 작업에 흔쾌히 찬성하셨다는 것입니다.

모든 것이 변해 갑니다. 그러나 영원히 변하지 않는 분은 우리 하나님 한 분이십니다. 그러므로 우리는 우리 기준으로 하나님을 제한해서는 안 됩니다. 내 방법대로, 내 편의대로 하나님을 섬기는 것이 우상입니다. 자신의 익숙함이 하나님을 대신할 수는 없습니다. 하나님을 섬기는 방법을 합리화시키는 그 어떤 시도들도 하나님 앞에 우상입니다.

어떤 것에도 얽매이지 마십시오

우상의 특징이 무엇입니까? 사람의 손으로 만들었다는 것입니다.

> 그들의 우상들은 은과 금이요 사람이 손으로 만든 것이라
> 시 115:4

사람의 손으로 만들어진 것들은 우리가 사용하고 즐기도록 되어 있는 것이지 섬김의 대상이 아닙니다. 만약 사람이 만든 것을 숭배하면 그것에 얽매여 자유를 속박 당하게 되어 있습니다.

우리는 흔히 '징크스'라는 말을 합니다. 미국 사람들은 13일의 금요일을 굉장히 싫어합니다. 한국 사람들은 숫자 4를 싫어해서 건물을 지어도 4층은 알파벳 F로 표기하거나, 어떤 건물은 4층이 아예 없이 3층에서 바로 5층으로 건너뛰기도 합니다.

그런데 이러한 것들이 우리의 의식세계를 지배하면 자유를 상실하게 되어 있습니다. 우리가 다스리고 즐겨야 할 많은 것들을 잃어버리고 살아가게 되는 것입니다.

점을 보면 그런 이야기를 많이 합니다. "동쪽으로 가면 귀인을 만난다" "서쪽을 피하라!" 그런데 도대체 어디가 동쪽이고 어디가 서쪽입니까? 그런 방향은 내가 서 있는 자리에서나 의미가 있지, 모든 것 위에 뛰어나신 하나님께 무슨 의미가 있을까요? 목사인 제가 설교를 할 때 교인들의 앞에 섭니까? 저는 사회 보는 목사님 뒤에 섭니다. 앞과 뒤가 과연 무슨 의미가 있습니까? 얼마나 우스운 기준입니까?

이 세상의 모든 것은 하나님이 지으셨습니다. 하나님이 지으신 것에 우리가 얽매이고 있다면 그것이 바로 우상숭배입니다.

"나는 꼭 비가 오면 되는 일이 없더라!" 그러면 그 비에 의하여 우리는 자유를 속박당합니다. 어떤 신앙인들은 "나는 꼭 주일을 범하면 되는 일이 없더라!" 합니다. 그 순간 우리는 하나님을 예배하는 사람이 아니라 정해진 날 예배하는 사람이 됩니다. 혹시 "나는 십일조를 안 하면 꼭 손해를 보더라!" 하는 생각을 한 적 있습니까? 그 순간 우리는 하나님을 예배하는 사람이 아니라 돈을 예배하는 사람이 됩니다. 예배를 드리는 것이 기쁨과 감격이 되지 못하고, 헌금을 드리는 것이 감사가 되지 못하면 오늘 우리의 행위들이 얼마나 가증스러운 우상숭배가 될 수 있는지를 알아야 합니다.

하나님은 그 어떤 것보다 앞서서 예배를 받기를 원하시는 분이십니다. 그런데 우리 안에 하나님을 앞서는 것이 있다면, 그것이 설령 신앙생활의 일부라 하더라도 우상숭배가 됩니다. 결국 인간이 만들어 놓은 것들은 깨져 버릴 허망한 것들이요, 이것들이 우상인 것은 하나님을 위해서가 아니라, 사람을 위해 만들어진 것들이기 때문입니다.

> 우상을 만드는 자는 다 허망하도다 그들이 원하는 것들은 무익한 것이거늘 그것들의 증인들은 보지도 못하며 알지도 못하니 그러므로 수치를 당하리라 사 44:9
>
> 보라 그들은 다 헛되며 그들의 행사는 허무하며 그들이 부어 만든 우상들은 바람이요 공허한 것뿐이니라 사 41:29

우상들은 아무것도 할 수 없습니다. 우리가 그런 우상을 숭배하는 순간, 피조물에 귀속되고 자유를 상실합니다. 우리 인간들에게 주신 가장 큰 선물을 잃어버리게 되는 것이죠. 참 신기하죠? 인간들이 자기 마음대로 살아가는 것 때문에 자유를 잃어버릴 수 있다는 것이 말입니다.

인도의 4억 불교도들은 5mm가량의 퇴색하여 지저분해진 송곳니 하나를 세상에서 가장 거룩한 성물(聖物)이라고 섬긴다고 합니다. 그것은 주전 543년 석가모니의 화장터에서 얻은 것으로, 800년 후 실론 섬으로 옮겨졌습니다. 지금 그 송곳니는 실론 칸디에 있는 이빨 성전의 황금 연꽃 위에 놓여 있습니다. 해마다 각

국의 수십만 불교도들이 그 송곳니를 보기 위해 모여들고 있습니다. 그리고 황금, 은 등의 보석과 많은 예물을 그 성전에 바치고 있습니다. 이 얼마나 웃지 못할 모습입니까?

그런데 그런 웃지 못할 이야기들이 우리 기독교의 전통에도 있습니다. 러시아의 카잔 성당에 가면 수많은 사람이 돈을 내고 촛불을 사 켜 놓는 곳이 있습니다. 바로 예수님의 가시관이 소장되어 있는 곳이죠. 그것도 온전한 것이 아니라 가시관의 한 조각이라고 생각되는 것을 모셔 놓은 곳입니다.

그동안 우리는 예수님의 '수의'를 가지고 많은 논쟁을 벌여 왔습니다. 그 수의를 만지면 병이 낫는다는 전설 같은 이야기들도 참 많았죠. 어떤 교인들은 성지순례를 하면서, 성지에 가서 소원을 빌기도 하고 성물을 보고 만지면 소원이 성취될 것 같은 기분이 들어 그렇게 한다고 합니다. 그런데 그 모든 것이 우상을 만들어 섬기는 것이라고 성경은 이야기 하고 있습니다.

우리가 '기념'해야 하는 것과 '섬겨야' 할 것도 구분하지 못하므로 웃지 못할 신앙의 모습들, 하나님을 진노하게 하는 모습들이 세계 곳곳에서 넘치도록 나타나고 있습니다.

하나님 입장에서
생각해 보십시오

오래 전 한 병원에서 행사를 하는데 설교와 기도를 부탁받아간 적이 있습니다. 행사장에 도착해 자리에 앉으려고 보니 제 자리가 제일 말석에 있었습니다. 지금이야 그런 것에 그리 연연하지 않을 마음의 깊이가 조금 생겼지만, 그때만 해도 창창한 젊은 목사 시절이었기 때문에 참 부끄러운 생각을 했던 것 같습니다. 기분이 썩 좋지 않았죠.

사실 그런 자리에서의 순서는 그 행사를 준비한 사람들의 사정에 따라 정해집니다. 자신들에게 우선순위가 누구인지에 따라 배정되는 것이죠. 그런데 문제는 대우를 받는 사람의 기분입니다. 만약 말석에 배정이 된 사람이 '나는 이 자리에서 대우받지 못했구나. 이 사람들이 나를 경히 생각하는구나' 한다면 문제가 됩니다.

즉 하나님을 섬긴다는 것은 내 입장이 아니라 하나님의 명령에 의해서라는 것을 알아야 합니다. 하나님은 우리 인간들을 지으시고, 우리를 모든 죄로부터 자유케 하신 다음에, 우리에게 최고의 대우를 받으시기를 원하십니다. 하나님은 그 만큼 우리를 사랑하시는 분이기 때문입니다. 우리를 사랑하시는 만큼 사랑을 받기를 원하신다는 사실을 아십니까?

> 나는 너희의 하나님이 되려고 너희를 애굽 땅에서 인도하여 낸 여호와라 내가 거룩하니 너희도 거룩할지어다 레 11:45

그런데 잘못된 우선순위에 따라 하나님의 자리를 말석에 배치하지는 않았습니까? 하나님과의 관계를 분명히 하십시오. 하나님은 우리의 'master'가 되기를 원하신다는 사실을 기억해야 합니다.

만약 우리의 우선순위가 깨어질 때 하나님은 '질투하시는 하나님'이 됩니다. 그리고 참으로 무서운 것은 그 죄를 삼사 대까지 이르게 하시겠다고 말씀하십니다.

> 그것들에게 절하지 말며 그것들을 섬기지 말라 나 네 하나님 여호와는 질투하는 하나님인즉 나를 미워하는 자의 죄를 갚되 아버지로부터 아들에게로 삼사 대까지 이르게 하거니와
> 출 20:5

십계명의 가장 중요한 원리는 "The Lord, your God"이라는 말입니다. 하나님이 바로 우리의 하나님이 되시기로 선포하는 그 순간, 우리를 향한 하나님의 사랑을 절대로 나눌 수 없다는 것입니다.

누군가는 이런 기독교를 독선적이라고 합니다. 또 어떤 사람은 그래서 기독교가 배타적인 종교라 하는 거라고 말합니다. 그런데 이런 관계가 성립되지 않으면서 참사랑이라고 말할 사람이 있을까요?

말씀에서 '절한다' '섬긴다'라는 말은 히브리어의 '히쉬타카와'라는 말인데, 기도로 하나님 앞에 굽히고 하나님의 이름으로 비는 것을 말할 때 사용하는 단어입니다. 즉 헛된 형상들에 대하여 하나님처럼 대하는 것이 우상숭배입니다.

그런데 예수님은 이 표현에 대해 이렇게 표현하십니다.

집 하인이 두 주인을 섬길 수 없나니 혹 이를 미워하고 저를 사랑하거나 혹 이를 중히 여기고 저를 경히 여길 것임이니라 너희는 하나님과 재물을 겸하여 섬길 수 없느니라 눅 16:13

우리는 혹시 주님의 이 말씀에 이렇게 항변하고 있지는 않습니까? "아닙니다. 우리는 하나님을 사랑하고 섬기지만, 다른 것들도 중요하다고 생각합니다!" 과연 하나님을 사랑하면서 다른 것도 사랑하는 것이 가능합니까?

"하나님은 파트타임이 아니다."

우리는 이 사람이 저 사람과 닮았다고 말할 수 있고, 이 의자가 저 의자와 비슷하고, 이 피아노와 저 피아노가 똑같다고 말할 수 있다. 그러나 하나님은 오직 한 분이시다. 우리는 그분을 어느 것이나 혹은 어느 분과도 비교할 수 없다. 만일 한 여인이 방에 들어갔는데, 남편이 다른 여인을 포옹

하고 있는 것을 발견했다고 하자. 남편이 아내에게 "여보, 잠깐만 기다려요. 오해하지 말아요. 내가 지금 무엇을 하는지 말해 줄게요. 이 여인은 너무 아름다워서 당신을 보는 듯해요. 이 여인을 포옹하면서 당신 생각을 하고 있어요"라고 말한다. 미국 전역을 뒤져봐도 이런 말에 동의할 여인은 내 아내 조이스를 포함해 한 명도 없다.

만일 우리가 어떤 물건을 숭배하면서 "주님, 이 물건을 보면 주님 생각이 나기 때문에 숭배하고 있습니다. 당신을 진정으로 숭배하는 것이지요"라고 말한다면 하나님은 이 말을 받아들이실까?

이런 생각을 마음과 정신에 특별히 담아 두라. 하나님은 하나님 되심을 독점하고 계신다. 하나님은 한 분이시며, 그분의 보좌는 둘이 아니다. 하나님은 파트타임이 아니시다. 그는 하나님이시다.

그는 질투하는 하나님이시다. 당신은 그분 외에 다른 어떤 것이나 혹은 어느 분을 숭배할 권리가 없다. 마틴 루터는 "우상이란 마음을 붙잡고 있는 것이나 의뢰하는 것이다"라고 말했다.

하나님보다 더 사랑하는 것, 하나님보다 더 경외하는 것, 하나님보다 더 섬기는 것, 하나님보다 더 가치를 두는 것이 있다면 그것이 곧 우상이다. 예수님이 하나님을 첫자리에

두라고 요구하시는 이유는 하나님이 우리의 최고를, 우리의 모든 것을 원하시기 때문이다.⁸

욕망을 버릴 때
비로소 기쁨이 샘솟습니다

우리는 우상을 만드는 이유가 자기중심적이라는 것을 배웠습니다. "자기를 위하여 우상을 만들지 말라는 명령"이 바로 그것이지요. 그런데 이 자기 중심적이라는 것이 만족이 없다는 것을 우리는 너무나 잘 알고 있습니다. 끝까지 채워질 수 없는 것이 욕망이라는 것을 말입니다.

우리가 욕망을 채우려고 하는 모든 시도는 하나님과의 관계를 멀어지게 합니다. 우리가 하나님과 교제하고 하나님 안에서 평안을 얻는 것은 우리의 욕망이 하나님 안에서 죽어질 때입니다.

어떤 사람은 이렇게 생각할 수도 있습니다. '욕망이 죽어지면 무슨 재미로 인생을 살까?' 그러나 놀라운 일은 우리의 욕망이 죽어지면 형언할 수 없는 기쁨이 내면에서부터 샘솟듯이 솟아난다는 것입니다.

하나님은 제2계명을 지키는 자에게 "천 대까지 은혜를 베푸느니라"(출 20:6)라고 말씀하십니다. 과연 무엇이 은혜일까요?

첫째, 하나님을 의식하며 사는 것이 축복입니다.

---

8 아드리안 로저스, 《성공하는 가정을 위한 10계명》, 쿰란

저는 종종 이런 생각을 합니다. "우리 교인들 중에는 하나님이 정말 계시지 않다고 굳게 믿고 신앙생활하는 사람이 있는 것 같다." 하나님이 지금 내 안에 계시고, 내가 어디에 가든 현존하는 분이심을 믿는데 어떻게 저렇게 행동하고 말하고 생활할 수 있을까 의문이 드는 것입니다.

요셉이 위대한 것은 눈에 보이지 않는 하나님을 항상 의식하며 행동했던 것입니다.

> 내가 어찌 이 큰 악을 행하여 하나님께 죄를 지으리이까
> 창 39:9

하나님을 의식하게 되면 요셉의 고백처럼 '내가 어떻게 죄를 짓겠습니까?' 할 수 있다는 것이죠.

또한 성경은 모세가 자기의 부귀영화를 다 버리고 하나님 편에서 민족을 구원하는 위대한 일을 할 수 있었던 이유를 이렇게 말하고 있습니다.

> 그리스도를 위하여 받는 수모를 애굽의 모든 보화보다 더 큰 재물로 여겼으니 이는 상 주심을 바라봄이라 히 11:26

우리가 욕망의 우상을 제거한다면 지금 내 안에, 혹은 어느

곳에든지 현존하시는 하나님을 만나게 될 것입니다.

둘째, 하나님 중심적인 결정을 내리는 것이 축복입니다. 하나님이 어디에서 편재하시는 분임을 믿는 사람은 어디에서든지 '하나님 중심적인 결정'을 하게 됩니다. 하나님 중심적인 결정은 후회함이 없습니다.

우리 인생의 후회는 하나님을 중심으로 살지 못하기 때문입니다. 우리의 신앙적인 오류가 무엇인가요? '하나님은 사물 속에 존재하는 것이 아니라, 다만 사물을 통해 말씀하시는 것'이라는 사실을 자꾸 잊는 것이죠.

모세가 하나님을 만난 것은 하나님이 불붙은 떨기나무 속이나 시내 산 꼭대기에 계셨기 때문이 아닙니다. 단지 그것들을 도구 삼아 하나님이 모세를 만나 주신 것입니다. 어떤 사람들은 시내 산의 떨기나무를 예배하려는 사람들이 있습니다. 그래서 그곳을 떠나지 못합니다. 그 순간 시내 산의 떨기나무가 우상이 되는 것입니다.

> 하나님이 이르시되 이리로 가까이 오지 말라 네가 선 곳은 거룩한 땅이니 네 발에서 신을 벗으라 출 3:5

왜 그곳이 거룩합니까? 바로 하나님이 계시기 때문입니다. 하나님이 계신 곳이 거룩한 것이지, 그 장소가 거룩해서 하나님이 계신 것이 아닙니다. 그러므로 참이신 하나님을 섬기며 예배하고 살아가는 사람들에게는 그들의 밟는 땅이 거룩한 곳이요 구별된 곳이 됩니다. 어느 곳, 어느 순간이든지 말입니다.

하나님은 모세에게 십계명을 주시고 성소를 지으라고 명령하십니다(출 25:8). 성막의 특징은 고정되어 있지 않다는 것입니다. 성막은 이스라엘이 머무는 곳이 어디든지 그곳에 세워집니다. 이것이 무엇을 의미할까요?

하나님은 성막 안에 계시는 분이 아니라, 이스라엘이 가는 곳이면 어디든지 계시는 분이라는 의미입니다. 바로 하나님의 임재가 그들의 구체적인 삶 속에 있는 것입니다.

하나님은 이스라엘이 출애굽 하는 동안, 그들이 광야에서 훈련을 받는 동안 성막 안에 계시지 않고 그들이 움직이는 곳마다 그들 중에 함께하셨습니다. 따라서 이스라엘 민족이 성막을 세우면 예배를 통해서 하나님이 함께함을 느낄 수 있을 것입니다.

셋째, 진리의 길을 따라서 사는 것이 축복입니다.

오래전 우리 교회 직원들과 같이 월요일에 야외로 나갔던 적이 있습니다. 실미도에서 점심을 먹게 되었는데, 자연스럽게 '노래 한 곡씩 합시다!'라는 분위기가 되었습니다. 그런데 한 권사님이 "주 하나님 지으신 모든 세계"를 부르는데 사람들의 반응이 이상해졌습니다. 하던 대로 하라는 것입니다.

간혹 교인들로부터 이런 메일을 받습니다. "목사님, 그 사람을 믿지 마세요. 그 사람은 목사님이 보는 데서는 열심히 봉사하지만, 안 보는 데서는 아무것도 안 해요."

유치한 것 같습니까? 그런데 우리가 하나님을 형상으로 만들어 놓고 믿으면, 그런 신앙생활을 하게 된다는 말씀입니다.

하나님은 하나님이 있는 모든 장소를 신성하게 만드십니다. 그런데 우상을 만들어 놓으면 우리는 그 장소가 신성하다고 생각을 하고, 그 장소를 떠나면 거룩함을 잃어버리게 됩니다. 그래서 우상을 숭배하는 사람들은 이율배반적인 삶, 겉과 속이 다른 삶을 삽니다. 그러나 우리의 신앙에서 우상을 제거하면 모든 땅이, 하나님을 예배하는 모든 순간과 장소가 거룩한 곳이 됩니다.

우리는 나름대로 여호와의 이름을 따라갑니다. 그러나 여호와의 이름은 나의 방식대로가 아니라 여호와 하나님의 방식대로 따라가야 하는 것입니다.

그럼 어떻게 하는 것이 여호와의 방식대로 따라가는 것일까요? 아주 간단한 방법을 알려 드리겠습니다.

- 지금 결정하고 행하려는 일이 과연 하나님이 기뻐하시는 일인지를 생각해 보십시오.
- 지금 받아들이지 못하는 그 일들이, 하나님의 뜻에 어긋나기 때문인지, 아니면 감정에 허락이 안 되는 것인지를 판단하도록 노력하십시오.

- 지금 결단이 쉬운 길이요, 육체적인 만족을 가져다주기 때문인지, 아니면 하나님의 마음을 흡족하게 하는 일인지를 생각하며 묵상하시기 바랍니다.

넷째, 하나님께 도움을 받는 것이 축복입니다. 우리가 우상을 숭배하는 이유가 지극히 자기중심적이고 자신이 원하는 결과를 얻기 위한 산물이라면, 모든 우상을 제하고 하나님만을 경배하는 이유는 하나님 중심적인 삶을 산다는 것입니다.

우상숭배가 하나님이 만들어 주신 피조물에 대한 기대라고 한다면, 하나님만을 예배하고 사는 것은 천지를 지으신 여호와를 향한 우리의 기대가 될 것입니다.

《사하라의 불꽃》의 저자 샤를 드 푸코(Charles de Foucauld)는 프랑스 군인이었습니다. 하지만 그는 주님을 인격적으로 만난 뒤 가톨릭에 귀의해 수도사가 되었고 사하라 사막에서 원주민을 위해 선교하다가 그들의 총에 맞아 순교했습니다. 그는 자신의 책에서 이런 질문을 합니다. "하나님을 믿는 크리스천에게 가장 어려운 일은 무엇인가?"
그 대답은 아마 제각기 다를 것입니다. 푸코는 이렇게 자답했습니다. "하나님을 믿는 크리스천에게 가장 어려운 것은 하나님을 믿는 일이다."

참으로 정곡을 찌르는 답변입니다. 평소 하나님을 믿는다고 얼마나 자주, 또 쉽게 고백하고 있습니까? 우리는 '나는 하나님을 믿는다'는 것을 추호도 의심하지 않습니다. 그런데 성경과 동떨어진 삶을 사는 이유는 무엇입니까? 결정적인 순간이 오면 하나님의 법칙보다 세상의 법칙을 더 신봉하는 이유는 무엇입니까? 그 시간, 그 자리에 하나님이 현존하신다는 사실을 망각하기 때문입니다.

하나님이 우리와 함께 하신다고 말하는 것만큼 매사에 그 사실을 믿고 행동하는 것은 쉽지 않습니다. 그러나 우리의 경건은 현존자이신 하나님을 의식하면서부터 시작됨을 잊어선 안 됩니다.[9]

제2계명은 우리에게 이런 도전을 줍니다. '내가 나를 스스로 보호하며 살 것인가, 아니면 천지를 지으신 여호와 하나님의 도우심을 구하며 축복을 누리며 살 것인가?'

아직도 내 삶에 내려놓을 수 없는 한 가지가 있습니까? 그러나 신앙은 우리에게 '원칙 중심'을 요구합니다. 무엇인가요? 바로 하나님만을 섬기겠다는 원칙입니다. 이 원칙이 우리 삶의 도움이 되며 생명이 될 것입니다.

---

9 이재철, 《비전의 사람》, 홍성사

1 내가 산을 향하여 눈을 들리라 나의 도움이 어디서 올까 2 나의 도움은 천지를 지으신 여호와에게서로다 시 121:1-2

10

하나님이 계셔야 할 자리에
내 욕망이 있지 않습니까?

그네를 탈 때 '발을 구른다'라는 표현을 씁니다. 힘차게 발을 굴러 창공을 차고 올라가면 그 힘으로 되돌아옵니다. 그렇게 오르고 내리고를 반복합니다. 중요한 것은 그네를 타고 처음 발을 구르는 힘입니다. 그때 힘이 좋아야 그네가 오랫동안 힘차게 왔다 갔다 할 수 있죠. 제1계명은 마치 그네의 첫 발을 구르는 것과 마찬가지라는 생각이 들었습니다. 이 첫 계명에서 우리가 힘껏 발을 구르면 그 다음 계명은 지켜집니다. 그만큼 십계명의 이 첫

> 너는 나 외에는 다른 신들을 네게 두지 말라
> 출 20:3

 계명이 중요하다는 말입니다. 하나님을 섬기는 모든 신앙의 기본은 바로 제1계명을 지키느냐, 지키지 못하느냐에 달려 있습니다.
 믿었던 사람이 알고 보니 나를 이용하고 있었다는 사실을 알게 되면 어떻게 될까요? 정말 소중하게 생각했던 사람이 사실 나를 그렇게까지 생각하고 있지 않았다는 사실을 알게 된다면 기분이 어떨 것 같습니까? 아마도 배신감에 치를 떨며 밤잠을 설칠 것입니다. 관계를 지속하는 것도 힘들어지겠죠.

하나님과 나와의 관계도 마찬가지입니다. 혹시 하나님과의 관계가 예전 같지 않다고 느낄 때가 있습니까? 서먹하다고 느껴질 때가 있습니다. 그렇게 느끼는 이유는 무엇일까요?

하나님과 나 사이에 뭔가가 개입되어 있다는 거예요. 우리 안에는 기회만 있으면 하나님을 대신해서 그 자리를 차지하려고 하는 것들이 있습니다. 그러나 하나님 앞에 다른 것들을 두기 시작할 때 하나님과 우리 사이에 관계는 깨어집니다. 그런 순간은 우리 삶에 언제든 찾아올 수 있습니다.

하나님보다
무엇을 앞세우고 있습니까?

저는 이 계명을 묵상하면서 제2계명인 '우상을 만들지 말라'는 것과 무엇이 다른 걸까 고민해 봤습니다. 그 결과 제2계명이 하나님을 마음대로 생각하고 조종하려는 인간의 마음에 대한 금지라면, 제1계명은 하나님을 대신하려는 인간들의 시도를 일체 용납하지 않으시겠다는 하나님의 의지라는 사실을 깨달았습니다.

예수님이 공생애를 시작하시기 전에 광야에서 사탄에게 유혹을 당하셨습니다. 그런데 이때 예수님을 향한 마지막 시험이 '사탄을 예배'하라는 것이죠. 자신에게 절하면 이 세상의 모든 것을 주리라는 유혹이었습니다. 예수님은 바로 이 부분에 대하여 아주 명확하게 대답하십니다.

> 이에 예수께서 말씀하시되 사탄아 물러가라 기록되었으되 주
> 너의 하나님께 경배하고 다만 그를 섬기라 하였느니라 마 4:10

이 사탄의 유혹과 하나님을 경배하는 것 사이에서의 갈등은 인간의 온 세대를 통하여 반복되는 일이기도 합니다. 사탄은 우리에게 끊임없이 이야기합니다. '이 세상을 숭배해라. 물질을 숭배해라.' 우리는 사탄에게 예배하며 세상을 얻으려고 하지만 하나님은 하나님께만 예배하라고 말씀하십니다. 그것들을 우리 앞에 두지 말라는 것이죠. 한 가지 예를 들어 보겠습니다.

전방에서 군목으로 사역하던 시절입니다. 어느 날 근무를 마치고 퇴근하여 집으로 들어오는 현관에서 아주 인상적인 전단지가 있었습니다. 그 전단지는 점집 홍보였습니다. 계룡산, 지리산 등지에서 수 십 년을 수도했다는 점치는 사람의 이력이 화려하게 적혀있었죠. 그런데 한 구석에 '교인도 환영'이라고 써 놓은 문구가 눈에 들어왔습니다.

제가 알기에도 많은 크리스천들이 점을 봅니다. 왜일까요? 불안한 것입니다. 분명 이 세상에는 영적인 존재들이 있습니다. 인간이 의지하려고 하는 초월적인 존재들이 있다는 것을 부인하지는 않습니다. 제1계명에도 하나님 외에 다른 신이 전제되어 있

지요. 그런데 하나님은 그 어떤 존재도 하나님 앞에 두기를 원치 않으십니다. 그 어떤 영적인 존재들도 하나님을 앞설 수 없으며, 모든 것들이 피조 되었다는 사실입니다.

이 첫 번째 계명을 좀 더 분명히 알아보기 위해 NIV성경과 유진 피터슨의 《메시지》 성경을 같이 보겠습니다.

> You shall have no other gods before me. (NIV)
> No other gods, only me. (Message)

'나 외에는'이라는 말의 히브리 원어는 '알파나이'입니다. 여기에서 '파나이'는 얼굴이라는 뜻이고, '알'이라는 것은 전치사로 '앞에서'(before)라는 뜻 뿐 아니라 '넘어서' '위에서' '대적하여'(against)라는 뜻을 가지고 있습니다. 즉 하나님은 그분의 얼굴 앞에서 그 어떤 존재도 인정하지 않으신다는 것입니다. 하나님 앞에 어떤 것도 하나님을 우선 할 수 없다는 것입니다.

더욱 중요한 것은 이 계명이 제3자에게 주어진 것이 아니라 '너'와 '나'의 관계 속에서 하시는 말씀이라는 말입니다.

'다른 신'이라는 말은 하나님이 다른 신들의 존재를 인정한다는 의미가 아닙니다. '다른'의 히브리어 '아헤르'는 '이상한' '헛된'이라는 의미도 가지고 있습니다. 다시 말하면 하나님 외에는 헛되고 이상한 신, 하나님으로 인정받을 수 없는 것들을 하나의 얼굴 앞에 개입시키지 말라는 말씀입니다.

여기에서 '~하지 말아라'의 부정은 원문대로 번역하면 '결코 두지 말지어다!'라는 강한 어조의 부정입니다.

우리는 살면서 원하는 일들이 많습니다. 하나님을 믿는다고 하면서 실제는 돈과 지위가 하나님보다 더 소중하지는 않습니까? 하나님을 믿고 목회한다고 하면서 명예가 하나님보다 더 소중하지는 않나요? 모든 것이 하나님께로부터 온 것이라고 입술로는 고백하는데 자식이 하나님을 앞설 때가 있지는 않습니까? 우리가 원하는 그 일들이 세상을 창조하신 하나님을 대신할 수 있을까요?

우리는 하나님을 믿는다고 하면서 욕망을 앞세웁니다. 이것이야말로 하나님 앞에 다른 신을 두는 일인 것입니다. 그러나 내 앞에 다른 신을 두지 말라 라고 하는 것은 '하나님은 하나님이시다'라고 인정할 때 이것보다 더 큰 축복이 없다는 거예요.

언젠가 제가 묵상하며 쓴 글입니다.

〈성령을 이용하지 마라!〉
자기중심적인 것을 넘어 이기적인 사람들 가운데 '성령'을 말하는 사람을 종종 봅니다. 우리를 당혹케 하는 일들이죠. 아무리 보아도 '성령님'의 모습은 아닌 것 같은데 말입니다. 그렇게 열심히 기도하고 성령을 구하는 사람들의 속내는 무엇일까요? 마더 테레사가 이런 말을 했더군요. "성령님은 내 마음대로 살도록 내버려 두지 않으셨습니다."
가장 분명한 역사는 내 마음대로 사는 것을 성령님은 허락하지 않으신다는 것입니다.
...

그러고 보니 우리 기도는 하나님을 이기려 할 때가 많았던 것 같습니다. 성령님의 소리도 억지로 듣지 않으려 큰 소리로 기도했던 것은 아닌지 말입니다. 성령을 끝내 이기려는 사람들을 보면 마음이 아프고, 그런 내 모습을 들켰을 때는 부끄럽습니다. 성령의 소리를 듣지 않는 기도는 '소음'입니다.

어떤 모임에서였습니다. 식당을 통째로 빌려 모임을 가지고 회의를 했는데, 말미에 사회자가 통성으로 기도를 하자고 하더군요. 아마도 그렇게 마무리를 하지 않으면 늘 마음이 개운치 않은 듯합니다.

그런데 통성기도를 할 수가 없었습니다. 아니, 기도하는 것이 부끄러웠습니다. 기도하기 전까지 한 모든 이야기들은 별로 '성령님'과는 상관없는 이야기인데, 저 기도를 듣는 사람의 비웃음이 들리는 듯해서 말이죠. 그래서 그런지 회의장을 울리는 기도 소리가 '공허'하게 들렸습니다.

하나님이 드러나지 않고, 성령님을 빙자해 우리가 원하는 일들을 마음껏 하고는 하나님의 이름을 붙이는 것들. 하나님의 뜻이 아닌데, 하나님의 이름을 빙자해 무언가를 이용하려는 시도들: 그것들이 바로 하나님의 자리를 대신하는 것들입니다.

통성기도가 잘못되었다는 말이 아닙니다. 다만 하나님의 음성을 들으려는 노력 없이 통성기도 하는 것이 문제라는 것입니다. 우리는 모임을 가질 때 그곳이 어디든 기도로 시작하고 기도로 마무리해야 한다고 이야기합니다. 하지만 기도를 해치우고 그 자리에 우리의 욕망과 돈과 명예와 지위를 채워 모임을 갖고 회의를 하고 있지는 않습니까? 하나님과 전혀 상관없는 행동들을 하고 기도로 마무리 하며 우리는 무엇을 보여주려는 걸까요?

제1계명을 가지고 묵상한 만나교회 성도의 글입니다.

아침이면 핸드폰으로 오늘의 날씨를 한번 살펴보게 된다. 예전에는 일기예보가 틀린 경우도 많았지만 요즘은 거의 맞다. 참 신기하다는 생각이 들었다. 많은 데이터들을 이용하여 예보의 확률을 높이고 있나보다.
순간 사람들이 참 대단하다는 생각이 들었다. 그런데, 사람들이 아무리 대단하여 예보의 확률이 높더라도 날씨를 바꿀 수는 없다는 생각이 들며 하나님의 위대하심을 기억하게 하신다. 내가 할 수 있는 것은 전능하신 하나님의 뜻을 잘 살피고 따르는 것임을 기억하게 하신다. 전능하신 하나님 안에 거하게 하심을, 아름다운 자연을 주심을 감사드린다.
– '감사'에 대한 묵상, 만나교회 큐티학교 간사

인간들의 지혜가 아무리 뛰어나도, 창조주의 능력을 넘어설 수는 없습니다. 하나님은 그 어떤 피조물도 하나님의 자리를 대신하는 것을 용납하지 않으십니다. 왜냐하면 하나님이 우리를 만드시고 우리는 하나님을 향해 살 수밖에 없는 존재로 만드셨기 때문입니다.

만약 우리가 하나님을 하나님으로 인정하지 않으면 그 가운데 제3자가 계속해서 개입하게 됩니다. 그래서 우리는 이런 확신이 있어야 합니다. '하나님만을 예배할 때 우리에게 주시는 축복이 무엇입니까?' 이것이 분명히 있을 때 우리가 하나님을 믿고 붙잡고 살아갈 수 있습니다.

하나님만을 예배할 때
우리에게 축복이 있습니다

혹시 내 삶에 하나님을 예배하는 것보다 앞서는 것이 있습니까? 구체적으로 살펴봐야 합니다. '하나님만을 예배한다'는 말은 이것을 위해 포기해야 할 것이 있다는 뜻입니다. 하나님보다 앞에 있는 그 무엇들을 제거하지 않고는 결단코 하나님의 백성이 될 수 없습니다.

오래전에 우리 교회에서 설교한 케이 아더(Kay Arthur)목사님의 설교 중에 가장 많이 나오는 단어가 있습니다. 하나님을 이야기하며 'Holy, Holy, Holy'라고 하는 것이죠. 그 말을 들으며 하나님의 거룩을 인정하는 것이 정말 중요한 일임을 알았습니다.

우리는 하나님을 거룩하게 대우해야 합니다. 하나님의 속성이 거룩하기 때문이지요. 우리가 하나님을 거룩하게 대우할 때, 우리도 마침내 거룩한 백성이 됩니다. 그렇다면 우리가 어떻게 하는 것이 하나님을 가장 거룩하게 대우하는 것일까요?

> 나는 너희의 하나님이 되려고 너희를 애굽 땅에서 인도하여 낸 여호와라 내가 거룩하니 너희도 거룩할지어다 레 11:45

'하나님을 거룩하게 대우한다'는 말은 하나님을 특별하게 여기기 위해 우선순위를 둔다는 것입니다. 하나님을 예배하는 것보다 우선순위에 두는 어떤 것도 하나님 외에 다른 것을 섬기는 것이 될 수 있습니다.

하나님만을 오직 나의 삶의 주인으로 인정하고 살아가게 되면, 우리 삶에 연속적인 세 가지의 축복이 임함을 경험하게 됩니다.

첫째, 하나님의 직접적인 개입을 경험하게 됩니다.

> 너희가 나를 택한 것이 아니요 내가 너희를 택하여 세웠나니 이는 너희로 가서 열매를 맺게 하고 또 너희 열매가 항상 있게 하여 내 이름으로 아버지께 무엇을 구하든지 다 받게 하려 함이라 요 15:16

우리의 인생에 가장 큰 축복이 무엇일까요? 생명을 주신 하나님 앞에 사명자로서의 열매를 맺는 것이 아닐까요? 그런데 열매 맺지 못하는 이유가 무엇일까요? 하나님과 떨어져 있다는 것입니다. 우리가 하나님만을 예배하게 될 때 얻게 되는 굉장히 중요한 축복은 하나님이 내 인생에 개입하실 뿐만 아니라 내 삶에 열매를 경험하게 된다는 것입니다.

> 1 나는 참포도나무요 내 아버지는 농부라 2 무릇 내게 붙어 있어 열매를 맺지 아니하는 가지는 아버지께서 그것을 제거해 버리시고 무릇 열매를 맺는 가지는 더 열매를 맺게 하려 하여 그것을 깨끗하게 하시느니라 요 15:1-2

즉, 농부이신 아버지가 우리의 삶에 직접 개입하시겠다는 말씀입니다. 하나님은 우리의 삶에 풍성한 열매를 맺기 원하십니다. 그래서 우리의 잘못된 습성을 고치시기 위해 손을 대시기도 하며, 곁가지를 치시기도 합니다. 따라서 하나님만을 온전하게 예배하는 삶을 살기 시작하면 하나님이 원하시는 삶으로 우리의 삶을 점차적으로 교정해 나가기 시작합니다.

우리는 예배를 드리며 '성령님, 이곳에 충만하게 임하셔서 나를 만져 주세요' 하고 기도합니다. 이 기도가 틀린 기도는 아닙니다. 그런데 진짜 중요한 기도는 '하나님 제가 어떻게 하나님 앞으로 나아갈까요?' 하는 기도입니다. 실존주의 철학자 키에르 케고르는 "기도란 하나님이 내게 나오시는 것이 아니라, 내가 하나님의 은총의 보좌 앞으로 나아가는 것이다"라고 했습니다. 우리가 하나님 앞에 끊임없이 나아가는 기도를 할 때 우리는 거룩함을 입게 될 것입니다.

링컨 대통령은 이와 같은 기도의 비밀을 알고 있었던 사람이었던 것 같습니다. 그는 남북 전쟁 중에 기도를 많이 한 사람으로 알려져 있는데, 특히 병사들이 죽을 때마다 눈물로 기도했다고 합니다.

그의 뜻이 좋다고 전쟁에서 유리한 것은 아니었습니다. 남군에는 유명한 리 장군이 있었고, 숫자와 여건의 유리함에도 불구하고 패배할 때도 많았습니다. 이런 상황에서 링컨이 할 수 있는 일은 하루에 세 번씩 기도하는 일이었다고 합니다.

그러던 어느 날, 북군의 지도자들이 함께 모여 링컨을 위로하는 자리가 있었습니다. 그중에 한 사람, 교회 대표가 링컨에게 다가와 이렇게 말을 했습니다.

"우리는 하나님이 우리 북군편이 되어서 북군이 승리하게 해 달라고 온 교회가 날마다 눈물로 하나님께 간절히 기도합니다."

그러나 이 소리를 들은 링컨 대통령은 깜짝 놀라서 이렇게 말을 했습니다.

"그렇게 기도하지 마십시오. 하나님이 우리 편 되어달라고 기도하지 말고 항상 우리가 하나님의 편에 서 있게 해달라고 기도하십시오."

이것이 무엇이 다를까요? '하나님, 우리 편이 되어 주세요' 라고 이야기 한다면 그들의 목적이 전쟁의 승리에 있는 것입니다. 전쟁에 승리하지 못하면 하나님이 우리 편에 계시지 않은 것이 되겠죠. 이렇게 우리는 하나님을 믿는다고 하면서 욕심을 개입시키게 됩니다. 그러면 하나님의 개입하심을 깨닫지 못하고, 우리의 욕망이 이루어지지 않으면 하나님이 우리 앞에 계시지 않은 것처럼 생각합니다.

그런데 '하나님, 제가 하나님 편에 설 수 있도록 도와주세요' 하면 어떻게 됩니까? 인생의 목적이 전쟁에서 승리하는 것이 아니게 됩니다. 내가 전쟁에서 승리하든 패배하든 하나님 편에 서 있는가가 중요한 거죠. 내가 그렇게 기도할 수 있을 때 비록 패배의 아픔을 경험하더라도 하나님이 내 인생에 개입하고 계심을 고백할 수 있습니다.

그래서 우리는 '하나님 내가 옳으니, 하나님이 나를 도와주세요'가 아니라, '항상 진리이신 하나님 편에 제가 설수 있도록 나를 도와주세요'라고 기도하는 사람이 되어야 합니다.

내가 하나님 편에 서야 우리가 구하는 것이 욕심인지 아닌지 구별이 되지 않겠습니까? 하나님이 기준이 되어야 옳고 그름의 기준이 분명해지지 않겠습니까? 이런 기준과 원칙, 우선순위에서 멀어져 하나님 앞에 우리의 생각이 앞서기 때문에 하나님을 믿는다고 하면서도 믿음이 없는 것처럼 보이는 것 아닐까요?

하나님만을 온전하게 예배하는 삶을 살면 온전한 하나님의 개입이 우리의 삶에서 시작됩니다. 하나님이 원하시는 것을 묻게 된다는 말입니다. 그러면 우리의 삶이 좀 더 쉬워집니다. 사실 우리가 신앙생활을 하며 고민하는 많은 부분은 하나님을 우선으로 삼지 않기에 생기는 갈등입니다. 하나님을 앞에 다른 것을 두지 않을 때 많은 부분에서 결단할 수 있게 될 것입니다. 그리고 그러한 결단으로 우리 삶에 구체적으로 하나님의 개입하심이 나타날 것입니다.

둘째, 하나님의 개입을 경험하게 되면 우리의 삶을 긍정하고 인정하게 됩니다.

> 하나님은 미쁘시니라 우리가 너희에게 한 말은 예 하고 아니라 함이 없노라 고후 1:18

'yes'라는 대답을 싫어할 사람이 어디 있겠습니까? 그런데 여기에서 '예'는 내 마음대로 된다는 말이 아닙니다. 이것은 신적 긍정입니다. 즉 하나님이 우리를 인정할 때 쓰시는 대답이신 것이죠. 하나님이 내 삶을 인정하셨다는 말입니다.

우리는 하나님과의 사이에 어떤 것도 두지 않고 그분 앞에 겸손하게 살 때 비로소 우리 인생의 의미를 발견하고 어떤 상황에서도 인도하시는 놀라운 진리를 발견하게 됩니다.

성경에 보면 인간들이 처음으로 '여호와의 이름을 불렀다'라는 말씀이 나오고 있습니다.

> 25 아담이 다시 자기 아내와 동침하매 그가 아들을 낳아 그의 이름을 셋이라 하였으니 이는 하나님이 내게 가인이 죽인 아벨 대신에 다른 씨를 주셨다 함이며 26 셋도 아들을 낳고 그의 이름을 에노스라 하였으며 그 때에 사람들이 비로소 여호와의 이름을 불렀더라 창 4:25-26

여기에서 중요한 것은 에노스(Enosh)라는 이름입니다. 이재철 목사님의 책에서 제가 보았던 이야기에요. 이 이름의 뜻은 '죽을 수밖에 없는 존재'라는 말입니다. 하나님 앞에서 죽을 수밖에 없는 존재임을, 인간의 유한함을 인정하는 순간, 여호와의 이름을 부르게 되었다는 것입니다.

즉, 죽을 수밖에 없는 존재임을 인정하면서 절망을 느끼게 되는 것이 아니라, 여호와의 이름을 부르게 됨으로 새로운 소망이 넘치게 되는 것입니다. 내 삶의 절망적인 부분을 보는 것이 아니라, 하나님의 섭리가 있음을 발견하게 되므로 감사의 삶을 살게 되는 것이지요.

누군가는 지금 인생 최고의 시절을 지나가기도 할 것이고, 또 누군가는 가장 어려운 시간을 보내고 있을 수 있습니다. 그런데 놀랍게도 우리는 삶의 절망에서 하나님을 바라보게 됩니다.

필라델피아 연합 집회 때 한 목사님을 만났습니다. 그분은 필라델피아에 위치한 작은 개척교회 목사님이었죠. 그런데 그곳에도 깨어진 가정이 참 많다고 해요. 토요일이면 아이들을 모아 놓고 한글학교도 하고 같이 밥도 먹고 성경공부도 하는데, 하루는 요한복음 4장을 가르치면서 무의식중에 그런 질문을 했다고 합니다. "얘들아, 이 사마리아 우물가의 여인이 좋은 여자였을까, 나쁜 여자였을까?" 그러자 한 아이가 주저하지 않고 바로 대답했다고 합니다. "좋은 여자요."

이 아이의 엄마는 네 번 결혼에 실패한 여자였습니다. 우리는 그 아이의 엄마가 어떤 이유로 인하여 결혼에 실패했는지 모릅니다. 그러나 분명한 것이 하나 있습니다. 이 아이에게 엄마는 좋은 여자였다는 것입니다.

우리는 누군가의 삶을 바라보며 '저 사람은 실패한 사람이야' 하는 말을 참 쉽게 합니다. 사람들은 나와 다른 인생을 살아가는 사람을 향해 쉽게 손가락질 합니다. 그러나 우리의 삶에는 설명할 수 없는 일들, 우리의 잣대로 옳고 그름을 나눌 수 없는 일들이 참 많습니다.

분명한 것은 우리가 하나님을 하나님으로 인정하고, 하나님과 우리 사이에 어떤 것도 개입시키지 않고 설 때, 하나님은 우리의 삶을 긍정하신다는 사실입니다. '아무도 이해하지 못해도 너와 나 사이에 다른 것만 개입하지 않으면 내가 너의 하나님이다'라고 말씀하시는 것입니다. 그뿐만 아니라 우리를 사랑하시고 붙잡아 주시는 하나님을 인정하게 되는 거죠. 이것이 하나님을 예배하는 자의 축복인 것입니다.

셋째, 하나님의 인정을 받은 삶은 구별된 삶으로 나아갑니다.

> 너희는 이 세대를 본받지 말고 오직 마음을 새롭게 함으로 변화를 받아 하나님의 선하시고 기뻐하시고 온전하신 뜻이 무엇인지 분별하도록 하라 롬 12:2

하나님을 예배한다는 것이 축복이 되는 이유는 세상과 구별된 삶을 살게 되기 때문입니다. 모든 사람이 세대를 본받으려고 하지만, 하나님을 예배하면 하나님의 선하시고 기뻐하시고 온전하신 뜻이 무엇인지를 분별하게 됩니다. 하나님의 뜻을 분별하는 것이 왜 우리에게 축복이 될까요?

인간들이란 자신의 욕심과 성질을 제어하지 못하는 존재입니다. 우리가 아무리 욕심을 가지지 않으려 해도 그렇게 되지 않는 존재인 것을 너무나 잘 알고 있습니다. 그래서 하나님을 예배하지 않고 분별이 되지 않으면 우리는 욕망을 따라가게 되어 있습니다. 기독교의 신앙은 우리의 부족함과 연약함을 먼저 인정하고 시작하는 것입니다. 하나님의 도우심이 필요함을 인정하고 시작하는 것이 신앙생활입니다.

이런 찬양이 있습니다.

> 주 예수 내 맘에 들어와 계신 후 변하여 새사람 되고
> 내가 늘 바라던 참 빛을 찾음도 주 예수 내 맘에 오심
> 주 예수 내 맘에 오심 주 예수 내 맘에 오심
> 물밀 듯 내 맘에 기쁨이 넘침은 주 예수 내 맘에 오심
> - 찬송가 289장, '주 예수 내 맘에 들어와 계신 후'

보혜사 성령님이 우리의 맘에 들어와 계시기 때문에 우리는 성령의 인도하심을 받게 되는 것입니다.

지금은 은퇴하신 할렐루야 교회 김상복 목사님의 말씀을 통해 은혜를 경험한 적이 있습니다. 그때 들었던 말씀 중에 "당신이 절대로 참을 수 없다고 생각하는 그 순간이 바로 참아야 할 때입

니다"라는 구절이 기억에 남습니다. 우리가 절대로 참을 수 없다고 생각하는 것을 참아야 크리스쳔의 삶을 사는 것입니다. 참지 못한다면 하나님의 백성으로서의 삶을 살 수 없을 것입니다. 그래서 우리가 하나님만을 경배하는 삶이 필요한 것입니다.

물질이 하나님보다 우선하면 우리가 참지 못할 많은 일들이 발생하게 될 것입니다. 물질을 얻기 위하여 불의한 일을 행하므로 마음에 불안하게 될 것이고, 그 잘못을 은폐하기 위해 또 다른 거짓된 삶을 살아야 할 것입니다. 감사와 기쁨의 삶이 사라지게 될 것입니다.

하나님만을 예배하는 삶을 살지 않고는 우리는 유혹에서 그렇게 자유롭지 못할 것입니다. 그러나 하나님만을 섬기고 예배하는 사람이 되면 순간순간 기도하는 삶을 살게 되어 있습니다.

쉬지 않고 기도한다는 것은 매 순간마다 하나님의 뜻이 무엇인지를 묻는 것입니다. 하나님의 뜻을 따라 갈 때 마음속에서 기쁨이 솟을 것이요, 그 기쁨이 감사의 삶으로 이어지는 것입니다. 이것이 축복입니다.

하나님을 예배하는 삶을 살 때, 경배하는 하나님 앞에 다른 어떤 것도 두지 않을 때, 축복된 삶을 살 수 있습니다. 오직 한 분이신 하나님, 거룩하신 하나님의 속성이 바로 우리의 삶을 거룩하고 축복되게 바꿀 것이기 때문입니다.

16 항상 기뻐하라 17 쉬지 말고 기도하라 18 범사에 감사하라 이것이 그리스도 예수 안에서 너희를 향하신 하나님의 뜻이니라 살전 5:16-18